No Dia de Hoje

Do Autor:

NÃO TE DEVO NADA!
Como lidar com os passivos emocionais
que levam os relacionamentos à falência

SOLIDÃO NUNCA MAIS
Reconciliando-se com o amor

DORMINDO COM O INIMIGO
Como escapar da tirania nos relacionamentos

ROBERTO BO GOLDKORN

No Dia de Hoje

Reprogramando o destino com
um dia novo a cada dia

BERTRAND BRASIL

Esta é a nova edição, revista e ampliada, do livro *Reprogramação Cármica*.

Capa: Raul Fernandes

Composição: DFL

2006
Impresso no Brasil
Printed in Brazil

CIP-Brasil. Catalogação na fonte
Sindicato Nacional dos Editores de Livros – RJ

G629n Goldkorn, Roberto Bo, 1950-
No dia de hoje: reprogramando o destino com um dia novo a cada dia/Roberto Bo Goldkorn. — Rio de Janeiro: Bertrand Brasil, 2006.
208p.

ISBN 85-286-1203-1

1. Autoconsciência. 2. Auto-realização. I. Título.

CDD – 158.1
06-2790 CDU – 159.947

EDITORA BERTRAND BRASIL LTDA.
Rua Argentina, 171 — 1º andar — São Cristóvão
20921-380 — Rio de Janeiro — RJ
Tel.: (0xx21) 2585-2070 — Fax: (0xx21) 2585-2087

Atendemos pelo Reembolso Postal.

DEDICATÓRIA

À Graça, que está sempre me obrigando a reprogramar meus conceitos e certezas.

AGRADECIMENTOS

Aos que ficaram, aos que partiram. Aos que resistiram, aos que desistiram. Aos maus, mas, principalmente, aos bons.

PREFÁCIO À NOVA EDIÇÃO

Este livro foi inspirado. Isso quer dizer que não foi fruto da minha experiência, nem de experimentos científicos, embora se baseie em pressupostos conhecidos e aceitos cientificamente, no sentido mais amplo da palavra. A "prova dos noves" só veio com o livro pronto e nas ruas. Ele se tornou o livro de cabeceira de muita gente, um auxiliar eficiente e sempre pronto a fazer o seu trabalho de aperfeiçoamento pessoal e mudança de programas de vida. Fiquei agradavelmente surpreso quando soube que o proprietário da editora na época, homem acostumado e até mesmo enfadado com tantos livros, o mantinha sobre a sua mesa. Psicólogos e psiquiatras vieram me dizer que não só o consultavam com freqüência, mas também o recomendavam a seus clientes. Eu mesmo, sempre que o consultava, recebia um certeiro na "boca do estômago". Mas algumas correções metodológicas precisavam ser feitas para torná-lo ainda mais eficiente e agradável. Por isso não só houve um aumento do número de *Reprogramações*, mas a sua numeração e redistribuição aleatória ao longo do livro foi alterada. Além disso, para enriquecer o processo de acesso aos seus programas cármicos, repeti propositalmente alguns temas, só que com outro enfoque; por serem temas de suma importância no contexto da nossa vida, têm mais chances de ser acessados, mesmo se vierem no fim ou no começo do livro. Foi com o intuito de evitar qualquer dirigismo consciente que praticamente todos os módulos foram selecionados aleatoriamente na ordem em que aparecem ao longo do livro.

APRESENTAÇÃO

Muitos anos atrás, conheci um ex-alcoólatra. Ele havia deixado o vício após uma temporada nos A.A. (Alcoólicos Anônimos). Em um de nossos encontros, ele me contou que o sucesso do método com ele, e com muitos, deveu-se à utilização do comprometimento diário, ou seja, o indivíduo se compromete a não beber *naquele dia* apenas. No dia seguinte, o compromisso é reiterado — mas *apenas* naquele dia. E assim sucessivamente. Essa estratégia tem como finalidade eliminar a ansiedade causada pelas promessas do tipo "nunca mais...", "a partir de hoje...", "definitivamente...", "para sempre...". Esses compromissos *para sempre* geram, não só em pacientes com alguma patologia psíquica, mas em qualquer pessoa, uma variável dose de ansiedade. Não é preciso ser psicólogo para saber que não somos formados de um monobloco psicológico — somos muitos dentro de nós. Aquele que vai dormir com uma decisão firme na mente é o mesmo que acorda pela manhã achando que "a coisa não é bem assim". Heráclito, numa alusão ao fluxo incessante da vida, disse: "Não se pisa o mesmo rio duas vezes"; Bhagwan Shree Rajneesh, ou Osho, mestre indiano falecido em 1990, refez a frase bem no estilo zen: "Não se pisa o mesmo rio".

Nós, ocidentais, temos uma necessidade imperiosa de dividir a vida em escaninhos, módulos, ciclos, além dos naturais dia e noite, verão e inverno etc.

Optei por dividir também. Para isso usei o ciclo do *dia*. Tanto nas grandes tradições orientais — como o taoísmo, o zen, a ioga — como em avançadas técnicas de psicoterapia, observa-se o *dia* (parte do dia de vinte e quatro horas) como a unidade ideal para comprometer o indivíduo em tarefas de autoconhecimento, introspecção e exercícios de fortalecimento de qualidades desejáveis.

Pode-se objetar que as universidades levam, no mínimo, cinco anos para formar um médico ou engenheiro; as escolas iniciáticas ameaçam seus membros noviços com longos prazos indeterminados. Acredito que exista ainda a necessidade de programas de longo prazo para certas formações, mas creio também serem tais programas originários de tempos, que vão ficando cada vez mais distantes.

A vida moderna atingiu tal grau de dinamismo, os fatores dispersadores são de tal ordem, que somente superelites poderão, no futuro, envolver-se em programas de formação de longa duração. Soma-se a isso a tecnologia, produzindo máquinas e métodos de aprendizagem redutores de tempo. A educação subliminar, que teve no método Louzanov o seu momento de coroação, a realidade virtual, os supercomputadores e até drogas que facilitam a absorção de conhecimentos vão fazer a diferença no futuro. Além disso, a velocidade vertiginosa com que a ciência "auto-obsoleta-se" leva as vanguardas a um pensamento mais globalizante e, segundo o jargão da Nova Era, holístico. Em muitos países, surge a experiência da Universidade Aberta, aonde as pessoas vão quando querem, ou quando podem, assistir a *um dia* de aula, ou a uma semana. Não temos competência para julgar se isso é bom ou mau; é assim, e qualquer tentativa de deter esse processo é pura perda de tempo, é saudosismo.

Fazer futurologia atualmente é muito arriscado. Já se vão os tempos dos planos qüinqüenais, dos projetos e previsões de longo prazo. Tivemos, há não muito tempo, dois exemplos disso: a derrubada do Muro de Berlim e o esfacelamento do bloco comunista da Europa Central. Não houve um analista, um único especialista em "muros" e "blocos" que tivesse vindo a público um ano antes, ou até seis meses antes, vaticinar o que iria acontecer, surpreendendo o mundo.

Planejar, programar, comprometer-se por um dia, parece-me perfeitamente suportável para a maioria. Mesmo assim, devido ao alto grau de dispersão e de "estímulos de distração", aliados à fraqueza mental, muitos não conseguem realizar "tarefas de um dia".

Há muito tempo, quando treinava um pequeno grupo de estudantes no fortalecimento da vontade, pedi que fizessem jejum por um dia. Ou seja, durante vinte e quatro horas, eles só poderiam beber água. No dia seguinte ao da prova, reunimo-nos e todos relataram suas experiências. Um dos rapazes não teve sucesso. Contou-nos que, até a hora do almoço, tudo estava indo bem. Então, sua mãe chegou com um empadão de frango e com o argumento de que o jejum de um dia não iria ajudá-lo em nada; além disso, ela apostava que, naquela hora, eu deveria estar comendo "do bom e do melhor". Isso foi o suficiente para ele romper o jejum e conseqüentemente o exercício. Eu só lhe perguntei: se você não é capaz de resistir a uma galinha morta e ao argumento capcioso de uma mãe zelosa, porém ignorante dos verdadeiros fins do exercício, como então você vai se sair diante de uma provação concreta? Em qual situação a sua força de vontade poderia ser a diferença entre viver ou morrer?

Na minha própria vida, a adoção do módulo diário para corrigir falhas de atitudes, vícios mentais e reforçar qualidades mudou muito o rumo das coisas. Durante o período em que escrevia o livro, era obrigado a reler constantemente os "módulos", e isso "me lembrava" de exercitar essa ou aquela atitude. Por exemplo, um dos meus maiores defeitos é lamentar-me dos acidentes e problemas ocorridos comigo para justificar meus atrasos e falhas no cumprimento de compromissos e prazos. Da mesma forma, sou muito afoito ou "bocudo", como dizem meus irmãos, em comunicar os meus sucessos, ainda que parciais. Sempre soube do enfraquecimento causado por ambos os comportamentos. Ao longo dos anos, me comprometi várias vezes com programas de autodisciplina do tipo: "Manterei daqui pra frente sigilo absoluto sobre os meus planos, projetos e idéias", ou "Não mais me lamentarei ou incomodarei as pessoas com os meus problemas". Isso durava algum tempo, logo eu me flagrava cometendo os mesmos *pecados*. Acredito que este livro só foi possível porque usei o próprio texto para me lembrar do meu pacto de fazer silêncio sobre ele. Do meu círculo de amizades, alunos e público em geral, apenas três pessoas ficaram sabendo do livro; mesmo assim, quando ele já era uma realidade, passava da metade.

Diante disso tudo que foi dito, já deve ter ficado claro para vocês que o binômio *lembrar* x *esquecer* é a chave para o *sucesso* x *fracasso* de qualquer programação (desprogramação ou reprogramação), mesmo que a gente reduza esse risco ao espaço-módulo de um dia. Assim, sugiro que vocês criem truques para lembrar-se dos compromissos assumidos com os respectivos programas diários. Para auxiliar, cada reprogramação será acompanhada (na página anterior/par) de um texto-resumo de apoio. A minha sugestão é que copiem esse texto em três ou quatro tiras de papel, para serem colocados nos lugares onde você obrigatoriamente tem de olhar: armário do banheiro, espelho do guarda-roupa, carteira, painel do carro, mesa de trabalho; enfim, ele vai fazer o papel do "Grilo Falante". Esse pequeno texto irá lembrar você da reprogramação que foi escolhida consciente ou subconscientemente, para ser executada durante o dia. Vale tudo, desde o folclórico barbante amarrado no dedo até a saída que o rabino Zachlev encontrou. Quer saber qual foi? Bem, isso aconteceu há muito tempo, mais precisamente na Idade Média, onde os senhores feudais, donos de grandes extensões de terra, colocavam aqui e ali seus servos para informarem aos desavisados a quem pertenciam aqueles domínios. Um dia, passava por uma floresta o tal rabino. O religioso encontrou um servo que naturalmente estava "vigiando" a floresta para o seu amo. Depois dos cumprimentos de praxe, o rabino perguntou:

— A serviço de quem estás, meu bom homem?

— Sirvo ao senhor de Basberville, rabi. E o senhor, a quem serve?

A pergunta fulminante do camponês deixou o rabino desorientado. Por alguns segundos passou pela sua mente toda a sua vida, como num filme. O rabino reviu sua formação religiosa, seus votos de servir a Deus, de observar as prescrições éticas da sua religião, de dedicar-se de corpo e alma ao serviço do Espírito. Viu também as grandes falhas nesses compromissos, as fraquezas ocasionais, os esquecimentos das prescrições. Ao se recuperar do "golpe", o rabino virou-se para o homem e perguntou:

— Gostarias de trabalhar para mim?

— Claro, rabi, ficaria muito feliz. Mas qual seria a natureza do meu trabalho? — o camponês respondeu e, como sempre, perguntou também. Ao que o sábio rabino arrematou:

— Apenas lembrar-me.

COMO UTILIZAR ESTE LIVRO

A partir do momento em que algumas pessoas descobriram que o seu subconsciente tem um tipo de inteligência transcendente, passaram a utilizá-lo em um sem-número de maneiras, a fim de obterem dicas e orientações mais confiáveis para os dilemas da vida. O *I CHING* é um livro maravilhoso, porém mais maravilhoso é o mecanismo misterioso capaz de fazer as moedas atiradas para o alto, ou as varetas (ou, no meu caso, apenas o folhear aleatório das páginas, até abrir em uma onde está impresso o hexagrama-resposta à minha pergunta), caírem de maneira a formar o tal hexagrama que geralmente irá servir como uma luva à pergunta do consulente. Que mecanismo é *esse,* através do qual a pessoa tira exatamente aquela carta do tarô, a carta certa, cuja interpretação lhe responderá, quase sempre, com acerto e coerência?

Freud foi o pioneiro, o grande "arqueólogo" do Inconsciente. Seu livro *A Psicopatologia da Vida Cotidiana* é precioso em exemplos de como essas estruturas desconhecidas programam "esquecimentos", *lapsos linguae,* falsas memórias, troca de palavras etc. Hoje se atribui a *esse* complexo Inconsciente/Subconsciente um grande número de ações profundamente significativas, previsões acertadas, prognósticos exatos, "acidentes" providenciais, entre outros. Quem nunca foi surpreendido por sonhos proféticos que anteciparam com muita clareza eventos que viriam mesmo a acontecer? Quantas histórias de descobertas, invenções e soluções de problemas complexos vieram através dos sonhos? Portanto, é a esse "Poder" *sub* ou *in*-consciente que vamos apelar para o ótimo aproveitamento deste livro. De alguma forma, o subconsciente "sabe" das nossas mais íntimas necessidades, e *conscientemente* podemos acioná-lo, pedindo que nos mostre o caminho quase sempre sinuoso da nossa verdade. As *reprogramações diárias* respondem às várias modulações de personalidade, comportamentos, atitudes, maneiras de pensar etc. da média das pessoas que habitam as cidades do mundo dito civilizado. Certamente, a maioria das reprogramações deste livro seria estranha a um nativo da Polinésia ou a um camponês dos Andes, ou ainda a um índio do Xingu. As reprogramações foram concebidas para serem usadas sempre que você **sentir necessidade** de consultar o livro para iniciar o seu dia; portanto, não aconselho o uso diário do livro, nem a sua leitura linear, pois corre-se o risco de banalizá-lo. Essa *necessidade* é justamente o gatilho do seu subconsciente, é o sinal para iniciar uma mudança nos velhos programas, certamente inadequados ao seu momento. E essa necessidade pode aparecer sob a forma de uma inquietação, uma insegurança, uma ansiedade mais tensa que o normal, uma "curiosidade" premente.

Você pode fazer como eu, simplesmente folhear o livro com o polegar, mentalizando, concentrado, perguntando-se como deve trabalhar o seu "dia de hoje", e abrir em qualquer página. Poderá acontecer uma falha no mecanismo de transmissão do subconsciente e aquela página específica não se aplicar em absoluto a você. Ou a reprogramação escolhida poderá mexer tão fundo com os seus bloqueios, neuroses e traumas a ponto de acionar suas defesas, e o resultado provavelmente será "isso aí não se aplica a mim". De qualquer forma, caso a reprogramação (ou página) escolhida não seja aprovada ou "não tenha nada a ver", use a imediatamente anterior, ou então recomece o processo de folhear.

Existem também outras vias de acesso às reprogramações diárias. Por exemplo, se você tem uma Bíblia, poderá abri-la em qualquer página, ver o número do primeiro versículo que aparecer — esse número será o da reprogramação (ou da página) escolhida para o trabalho do dia. Com o tarô ou mesmo com um baralho comum, você poderá fazer o mesmo: embaralhe as cartas e tire uma ou duas (uma para a unidade e outra para a dezena), veja o seu número — esse será o número da reprogramação. Você poderá usar, ainda, uma roleta de brinquedo, papeizinhos numerados, pedir a uma pessoa que diga um número de 1 a 91 (são noventa e uma reprogramações) etc. Enfim, exercite a sua criatividade para a obtenção do número da reprogramação (ou da página) e... boa viagem.

REPROGRAMANDO O DESTINO

Não vou dar moleza aos bandidos.
Vou hoje ficar bem atento a mim mesmo,
observar-me como se eu fosse um "outro",
verificar e corrigir as brechas que posso
estar deixando para os inimigos.

REPROGRAMAÇÃO 1

No Dia de Hoje

Vou prestar atenção na **minha segurança**. Aceito o fato de que vivemos um tempo de grande turbulência, onde os valores morais e éticos foram atropelados. A violência e o crime estão por aqui, à minha volta. Não posso mais ignorar isso e achar que coisas ruins só acontecem com os outros. Hoje vou checar o meu comportamento e as minhas condições de segurança. Vou me observar no trânsito para saber se crio condições para ser vítima. Vou verificar as situações de segurança da minha moradia e reforçar os mecanismos de proteção. Sei que os criminosos preferem vítimas que lhes ofereçam facilidades. Hoje vou criar dificuldades para os criminosos e incorporar, sem paranóia, esses mecanismos ao meu cotidiano.

Organizar, colocar ordem no galinheiro. Saber onde está cada coisa, checar se as coisas de que vou precisar amanhã estão em ordem. Vou fazer a minha vida, hoje e sempre, funcionar e assim vou melhorar a minha qualidade de vida.

REPROGRAMAÇÃO 2

No Dia de Hoje

Vou me organizar. Percebo que por causa da vida agitada e também pela minha própria natureza não consigo colocar ordem na minha vida, e assim pago um preço alto em estresse e até em dinheiro pelo caos que deixo à minha volta. Não vou mais procurar desculpas para a bagunça que faço ao meu redor. Começo hoje um processo de colocar minha vida em ordem. Vou começar arrumando a minha mesa, meus armários e gavetas. Jogarei fora tudo o que não me serve mais e colocarei as coisas em compartimentos discriminados para facilitar a sua localização. Vou colar avisos para eu me lembrar sempre de devolver ao lugar de origem tudo que for tirado. Vou também organizar meu dia numa agenda com meus compromissos, datas, horários etc. Entendo que ao me organizar externamente sentirei os reflexos na minha vida interior, e certamente terei mais paz de espírito e mais segurança. Não quero transformar minha casa em quartel, mas hoje percebo com clareza que, me organizando, terei mais tempo para mim, menos angústia e aborrecimento, e até poderei ganhar mais dinheiro.

Falso ou verdadeiro? Fato ou ficção? O carro é "quente" ou é roubado? Isso é ouro mesmo ou é "banhado"? O sujeito é um empresário ou é só o dono de uma biboca? Hoje vou observar do "bom-dia" do porteiro ao "eu te amo" de quem gosto, se estão falando a verdade ou apenas vendendo "gato por lebre".

REPROGRAMAÇÃO 3

No Dia de Hoje

Vou tentar discernir as **informações verdadeiras das falsas, e os fatos, da ficção**. Sei que quase todas as pessoas desempenham papéis passageiros ou permanentes quando estão na rua. Todos os dias me relaciono com muita gente, vendedores, colegas de trabalho ou de estudo, prestadores de serviço, gente interessante (ou interessada) do sexo oposto, e cada um tem um script, um texto para me passar ou algo para me "vender". Hoje vou me esforçar para distinguir as mensagens verdadeiras das falsas. Sei que as pessoas dão dicas o tempo todo sobre as suas reais intenções. Hoje vou tentar ler e decifrar essas dicas. Ela me olha nos olhos enquanto fala? Ele gagueja ou pensa muito antes de responder a uma pergunta que o pega de surpresa, tipo "por quê"? Se contradiz? Dá muita explicação mesmo sem ter sido solicitado? Seu discurso é confuso e difícil de entender?

É um treinamento importante saber se estou recebendo informações falsas ou verdadeiras. Essa capacidade pode até salvar a minha vida; no mínimo, poderá me livrar de aborrecimentos e decepções.

A natureza à minha volta não está indiferente aos meus dramas pessoais — eu é que fiquei indiferente à harmonia e à beleza da natureza. Hoje começo a recuperar um pouco dessa relação deixada de lado. Céu, mar, montanhas, jardins, vou observar cada sinal de beleza e me nutrir dele.

REPROGRAMAÇÃO 4

No Dia de Hoje

Vou projetar a **atenção na natureza** à minha volta. Compreendo que a vida é agitada mesmo, há sempre muitas coisas a fazer, montanhas de problemas para resolver, preocupações, aflições, urgências, emergências... Mas à minha volta o céu pode estar claro e profundamente azul, as árvores podem estar lindamente enfeitadas, passo por jardins alegremente coloridos, e talvez até possa, com um pouco de esforço, chegar até a beira do mar e sua serena majestade. Hoje vou desviar por algum tempo a atenção dos meus problemas para observar e curtir a natureza à minha volta. Se a natureza é a manifestação maior de Deus, vou apreciá-la e deixar nela um pouco dessa carga pesada que carrego diariamente. Deixo o mar levar alguns dos meus problemas, deixo as flores colorirem alguma situação pesada, olho para o céu e projeto a minha pressa e os meus "grandes" problemas na sua infinita imensidão azul. Talvez isso não dissolva os nós da minha vida, mas, ao fim desse exercício, estarei mais leve, mais relaxado e, é claro, mais preparado para sobreviver à minha "guerra" diária.

Hoje vou melhorar um pouco o mundo.
Com palavras, com atitudes concretas,
vou me comprometer a limpar, guardar,
arrumar, apoiar, incentivar, consertar;
não perderei nenhuma oportunidade para dar
a minha contribuição. Farei de tudo
para incorporar esse comportamento
positivo à minha vida.

REPROGRAMAÇÃO 5

No Dia de Hoje

Vou lutar contra os **"demônios" da destruição e da corrupção.** A todo momento, as forças do caos se empenham em quebrar ou perturbar as ordens que estabelecemos a tanto custo. Jogam lixo no chão, desrespeitam as leis, provocam danos nos sistemas (desde um vírus de computador ao vândalo que sabota uma máquina), nos infeccionam com pessimismo e falta de educação etc. Hoje vou me comprometer a não deixar nenhuma situação, ambiente ou pessoa, pior do que estava antes da minha chegada. Vou melhorar o mundo à minha volta. Desde a cozinha da minha casa (onde vou tomar água e aproveito para lavar não só o meu copo, mas também o dos outros) até cada pessoa com quem vou estar. Vou elogiar, incentivar e, se possível, abraçar com força, passando a energia positiva do "tudo de bom" para ela. Além de não jogar papel na rua, ainda vou catar o que estiver ao meu alcance. Além de impedir que os resíduos das minhas ações contribuam para piorar a vida, ainda vou dar uma "mãozinha" para melhorar cada espaço do ambiente onde convivo.

As más experiências do passado ainda estão lá, escondidas e querendo permanecer vivas, nos envenenando. Hoje vamos lavar para sempre esses "escorpiões" cancelando as emoções que a eles estão agregadas e repetindo: "Cancela, cancela, cancela!"

REPROGRAMAÇÃO 6

No Dia de Hoje

Vou acertar as contas com as **mágoas do passado.** Mesmo sem querer, acredito que mágoas e ressentimentos, guardados em algum canto sombrio da minha mente, vão destilando um veneno que me prejudica e pode até causar doenças. Muitos sonhos perturbadores são também causados por esses programas daninhos antigos, porém ativos. Negócios perdidos, prejuízos, traições e decepções com amigos ou parentes, oportunidades que foram desperdiçadas por um motivo ou por outro, culpas e débitos, todos devem ser revisitados um por um e... deletados. São arquivos mortos que não nos servem mais nem mesmo de lição, pois as circunstâncias originais que os propiciaram não mais se repetirão idênticas. Naturalmente, as emoções é que devem ser apagadas, pois as histórias continuarão ali, guardadas, como sentinelas de experiências válidas para o seu crescimento. Vou fazer essa limpeza de arquivos, relembrando a história de forma resumida e dizendo, sorrindo, para mim mesmo: "Passou, acabou, sumiu. Não quero mais a energia dessa história na minha vida. Nesse momento, apago essa emoção da minha mente."

Aceito a ajuda, a moeda, o copo de água, aceito e agradeço. Hoje serei ajudado e estarei aberto para entender que não há quem não precise de ajuda alguma vez na vida.

REPROGRAMAÇÃO 7

No Dia de Hoje

Eu me permitirei ser ajudado. Por orgulho, vaidade, auto-suficiência, não nos permitimos ser ajudados espontaneamente, a não ser que paguemos por esse serviço. Hoje, vou aceitar de bom grado que mantenham a porta do elevador aberta para mim, que me aconselhem sobre algum problema de difícil resolução, que me paguem o almoço... Aceitarei as ajudas que vierem, mesmo de pessoas mais humildes, mesmo que sejam de uma criança. Estarei aberto para que Deus se manifeste em Sua Linguagem Divina através das ações e palavras de outras pessoas. Certa vez um amigo milionário me disse: "Agradeço a Deus pela crise de labirintite (quando precisei me apoiar nos ombros de pessoas simples para poder ficar de pé); só assim pude perceber que eu não era o ser superior e todo-poderoso que me julgava ser." Muitas vezes pela arrogância das nossas conquistas, pelo endurecimento provocado por nossas guerras diárias, esquecemos o que é ser ajudado, quão relaxante e gratificante é segurar a mão estendida em nossa direção.

Vou trabalhar hoje a relação com a minha moradia. Moro bem? Moro mal? O lugar onde moro tem a minha "cara" ou a de outra pessoa que nada tem a ver comigo? Trato bem a minha casa, cuido dela com carinho e capricho? Hoje é dia de repensar a minha casa como projeção da minha vida.

REPROGRAMAÇÃO 8

No Dia de Hoje

Vou "construir" a **casa** ideal.

De acordo com antigas concepções orientais, morar bem é mais importante até do que comer. A casa onde moramos é a extensão do nosso corpo, é uma metáfora concreta da relação mítica entre corpo e alma. Quando habitamos uma casa, agimos como a "alma" que anima e dá vida àquela estrutura. Entendo que a grande maioria da humanidade não mora como gostaria, e mesmo as pessoas ricas podem estar morando em casas que são verdadeiras armadilhas. Hoje vou rever a minha relação com a minha casa. Se concluir que ela não satisfaz às minhas necessidades e desejos, vou começar agora a construir a casa ideal na minha mente. Uma idéia é pegar revistas de decoração, jardinagem e arquitetura e montar um retrato da casa ideal com os recortes que encontrar. Vou mentalizar essa casa e trabalhar para chegar perto desse ideal. Reconheço que morar bem é um grande passo para uma vida mais feliz e harmoniosa.

Inimigos? Quem quer tê-los?
Mas quem não os têm? Então, por que
tê-los? Quem são os meus reais inimigos?
Onde estão eles? Existe dentro de mim
uma "fábrica" de inimigos meus?
Isso é o que vou descobrir hoje.

REPROGRAMAÇÃO 9

No Dia de Hoje

Vou repensar a difícil e complicada relação com os meus **"inimigos"**. Ao abrirmos nosso caminho pela vida, muitos de nós, intencionalmente ou não, fazemos vítimas, que podem se tornar inimigos. Outras vezes trombamos com inimigos de verdade, gente que parece destinada a nos destruir. Por mais incômodo que pareça, isso é normal para quem resolveu encontrar um lugar ao sol na sociedade competitiva em que vivemos. Mas hoje vou rever a minha lista negra. Vou pensar em cada um dos meus inimigos (declarados) e rever as suas razões e as minhas, naturalmente. Essa tarefa pode ser muito ilustrativa, até porque pode me mostrar um padrão! Meus inimigos são sempre oriundos dos meus negócios? São ex-sócios? São ex-amigos de farra ou de aventuras? São ex-namorados(as)? São sempre pessoas a quem ajudei bastante? São anjos vingadores, que de alguma forma misteriosa me escolheram como alvo de suas maldades?

Esse inventário vai me ajudar a entender o mecanismo pelo qual coleciono inimigos (quem sabe até descubro que um ou outro me ajudou até mais que atrapalhou), e talvez me ajude a desarmar esse mecanismo no futuro, poupando-me o incômodo de ter inimigos.

Ciúme? Eu? Claro, todos temos ciúme em graus variados. Hoje vou avaliar que tipo de ciumento eu sou.

REPROGRAMAÇÃO 10

No Dia de Hoje

Vou focar o meu olhar crítico sobre o **ciúme**. Sinto ciúme das pessoas de quem gosto? Sinto ciúme das minhas coisas? Chego a ponto de confundir pessoas e coisas, posse e relação? Até que ponto o ciúme que sinto altera o meu comportamento e meu estado de espírito? Já deixei escapar pessoas maravilhosas por causa dos meus ciúmes? Até que ponto o ciúme revela a minha insegurança, a minha fragilidade emocional? Já me tornei excepcionalmente agressivo por causa de ciúmes? Seria capaz de ferir a pessoa amada por causa de uma crise de ciúme?

Hoje vou investigar o grau de nocividade e de intensidade dos meus ciúmes. Para isso, talvez tenha de falar com outras pessoas, ou mesmo com ex-namoradas(os), para saber o que pensam a respeito. Reconheço que se ao fim desse exercício eu concluir que meus ciúmes são negativos, e conspiram contra a minha felicidade, vou trabalhar com afinco para controlar esse programa.

O sofrimento dos outros me afeta? Afeta em que medida? Como reajo à dor e à miséria humanas? A minha indiferença é real ou apenas defensiva? A minha comoção passa logo, assim que dobro a esquina? Hoje é o dia de checar isso.

REPROGRAMAÇÃO 11

No Dia de Hoje

Vou observar a minha sensibilidade ao **sofrimento alheio**. É comum em países do Terceiro Mundo que as pessoas de melhor condição social se tornem mais insensíveis à miséria e ao sofrimento alheio. De tanto ver crianças nos sinais de trânsito, ou mendigos implorando ajuda, criamos uma capa de proteção à nossa sensibilidade, "engrossamos a casca", não nos comovemos mais, não nos mobilizamos mais com o intuito de nos protegermos. Mas essa insensibilidade cobra um preço alto, rouba um pouco da nossa humanidade. Hoje vou observar até que ponto estou insensível à dor alheia. Vou checar a expessura do meu "campo de força", ou até verificar a inexistência dele. Às vezes choramos diante de um filme, mas nem nos constrangemos diante do triste espetáculo de uma família inteira morando na rua. Hoje é o dia em que vou ajustar a minha sensibilidade à dor e à necessidade dos outros, assim talvez possa corrigir eventuais desequilíbrios em minha estrutura emocional.

Sexo, sexo, sexo... só penso nisso, ou não estou nem aí? Pelo menos hoje vou pensar, de forma consciente, sem medo, e, se for o caso, vou em busca de ajuda para ajustar os ponteiros da minha vida sexual, e sem dúvida serei recompensado por essa atitude.

REPROGRAMAÇÃO 12

No Dia de Hoje

Vou examinar a minha relação com a **sexualidade**. A minha vida sexual é satisfatória? Qual é a distância entre a realidade da minha vida sexual e a expectativa que tenho dela? Quase todas as pesquisas indicam que em sua grande maioria as pessoas estão insatisfeitas com a vida sexual que levam, com o prazer e a satisfação que tiram da sua atividade sexual/erótica. Será que sou uma dessas pessoas? Se a resposta é sim, vou me perguntar o porquê. As repressões antigas e os preconceitos atrapalham a minha vida sexual? Ou é a ansiedade e o excesso de expectativa que acabam prejudicando? Vou com muita sede ao pote ou sou do tipo indiferente? Hoje vou encarar com honestidade total os meus programas sexuais, sejam eles quais forem. Como esse não é um assunto que se possa sair por aí perguntando ou discutindo com qualquer um, se, ao final desse balanço, concluir que preciso de ajuda, vou procurar um especialista para conversar. Sei da importância que uma vida sexual sadia e prazerosa tem na busca dos meus objetivos de felicidade e realização.

"Eu o ajudei tanto e é assim que ele me paga...?" "Fiz tudo por ela quando estava na sarjeta; agora que está por cima, a ingrata me dá as costas." Você já disse alguma dessas frases? Então está na hora de reprogramar. Faça isso hoje!

REPROGRAMAÇÃO 13

No Dia de Hoje

Vou rever os meus comportamentos de cobrança e **"agiotagem" emocional**. Muitas pessoas, sem se darem conta, procuram ajudar, ser úteis na vida de outras, apenas para poderem ter algo para cobrar mais tarde, mantendo sempre uma grande ou pequena legião de devedores à sua volta. Daí o surgimento de muitos "ingratos" e da sensação de estar sendo injustiçado, mal-agradecido ou vítima. Na verdade, as vítimas são aquelas que são mantidas cativas a dívidas reais ou virtuais. Fazer o bem, e não colocar isso na conta do beneficiado, é o verdadeiro Bem, o resto é manipulação, fraqueza e neurose (dependendo do grau e forma de cobrança).

Hoje vou verificar o quanto me senti vítima de ingratidão, das pessoas a quem ajudei "desinteressadamente", e rastrear desde o princípio o desenrolar dos fatos. Vou checar se faço isso de forma sistemática, acuando e cobrando às pessoas que foram ajudadas por mim. Se for o caso, vou sinceramente mudar a minha conduta, para me libertar e libertar quem eu amo da tirania dos passivos emocionais.

A violência que está nos outros é fácil de ser enxergada e criticada. Hoje vou olhar sem dó nem piedade a violência que há em mim e como ela atinge os outros.

REPROGRAMAÇÃO 14

No Dia de Hoje

Vou examinar a **violência em mim.**

Enxergar a violência externa, nos outros, é fácil, é um exercício comum, quase um bordão. Mas, muitas vezes, exercemos esse passatempo com objetivos secretos e pouco dignos de ocultar: a nossa própria violência e crueldade. Mesmo pessoas aparentemente delicadas e pacíficas são capazes de praticar tipos de violência dissimulada, ou sutil, mas nem por isso menos danosa. Hoje vou fazer um inventário honesto e impiedoso da minha violência contra minhas vítimas ocasionais ou cotidianas. Vou observar como sou capaz de ferir, de fazer sofrer com palavras, gestos, expressões e olhares ou mesmo de maneira ostensiva. Vou me questionar o porquê desse meu comportamento, e, se a consciência fizer soar a sirene de alerta, vou rever e reprogramar meu comportamento.

Vou abraçar muuuito! Vou acolher em meus braços as pessoas que eu sentir que estão fragilizadas e inseguras.
Vou abraçar o mundo e dizer a ele:
"Você cabe no meu coração."

REPROGRAMAÇÃO 15

No Dia de Hoje

Vou exercitar o **contato físico**.

Vou abraçar mais forte, vou apertar mais mãos e de forma mais calorosa, vou expressar com a linguagem do corpo a minha aceitação e o meu carinho pelo outro. Os povos latinos são conhecidos por não terem pudores de manter maior contato físico com os seus semelhantes, mas, se observarmos bem, também estamos perdendo isso. Já se celebrou a importância do abraço, como, por exemplo, na "terapia do abraço", e quem experimentou uma grande dor sabe o quanto um abraço acolhedor é uma bênção nessa hora de desamparo. Hoje vou deixar meus receios de lado e usar o corpo para comunicar a minha solidariedade, o meu calor humano, a minha cumplicidade. Se, dependendo da pessoa e da ocasião, eu não puder ser tão ostensivo com um forte e demorado abraço, farei do meu aperto de mão o mais amistoso, o mais sincero e caloroso possível. Assim falará o meu corpo hoje.

"Horas, minutos, segundos, hora disso, hora daquilo..." Hoje vou confrontar o tempo cronológico, que de alguma maneira divide e engaveta a minha vida em espaços controlados por esse tirânico, mas imprescindível, aparelhinho chamado relógio.

REPROGRAMAÇÃO 16

No Dia de Hoje

Vou **viver livre do relógio**! A maioria de nós, seres urbanos, vive sob o controle mais ou menos rígido do tempo contado. Muitas vezes nós achamos que a nossa vida depende de alguns minutos, de horas ou até de segundos. Hoje vou me arriscar no tempo não regulado, e para isso vou deixar o relógio em casa. Posso até sentir alguma ansiedade ou angústia por não ter o meu "chefe" preso ao meu pulso, mas vou lidar com isso. Qual será a sensação de estar sem calcular o tempo de forma tão exata? Quantas vezes, apenas por reflexo condicionado, vou olhar para o meu pulso em busca da minha localização no tempo (e por que não dizer também no espaço)? O nome do jogo é: "Quem Controla Quem?". Ao final do dia, talvez terei um relatório do meu estado de dependência emocional e social, das regras de um jogo que não criei, mas sou *forçado* a jogar todos os dias.

"Compre, beba, fume, vote, ouça, acredite, deposite, seja feliz, fique rico..." Para qualquer lugar que você olhe, sempre estão tentando lhe vender alguma coisa. Alguns produtos não são o que se diz deles e podem nos causar frustrações de efeitos incalculáveis. O que fazer a respeito? Hoje vou questioná-los!

REPROGRAMAÇÃO 17

No Dia de Hoje

Vou tentar avaliar o estresse das frustrações e desilusões causadas pela **mídia**. Todos os dias sou induzido a acreditar em políticos, artistas, *fatos*, e comprar produtos, serviços, idéias, que um tempo depois são revelados em sua verdadeira natureza, ou seja, a mentira, o engodo, a fraude. Acreditar, comprar, desacreditar, e como faço para "descomprar"? Como se manifesta em mim a frustração de ter sido enganado, ludibriado? Quais os produtos, sejam eles empacotados ou de carne e osso, que fui levado a comprar nos últimos tempos e que mais tarde se revelaram enganosos? Cantores que não cantam, políticos vendidos como honestos que se mostraram grandes corruptos, pacotes de um quilo com novecentos gramas, doces que não engordam, mas causam câncer... A lista é longa e terrível. Hoje vou parar para avaliar como lido com essa constante chuva de frustrações. Afeta, não afeta, de que forma afeta a minha vida, as minhas emoções, a minha crença no futuro e na humanidade. Esse é o meu grande desafio de hoje.

"Às vezes imagino que sou Nero e dou gargalhadas enquanto toco fogo na cidade." Será que sou do mal, será que sou doente? Hoje vou pensar sobre os fragmentos de pensamentos, as alegorias e encenações mentais que quase todos produzem.

REPROGRAMAÇÃO 18

No Dia de Hoje

Vou colocar luz nas minhas **fantasias** mentais. Não sei se com todos, mas creio que a maioria das pessoas produz fantasias, devaneios, *daydreams* como dizem os americanos. Alguns sofrem, sentindo-se culpados por essas fantasias, pois estão em completo desacordo com aquilo que acham que são ou para o que foram educados. Outras pessoas (felizmente a minoria) tentam colocar em prática suas fantasias, o que em geral traz graves conseqüências. Hoje vou examinar de forma crítica as minhas fantasias. São elas, em geral, de natureza sexual? São delirantes, de forte agressividade? São fantasias onde faço o mal de forma impensável para os meus padrões ou os de minha sociedade? O que essas fantasias podem revelar sobre mim? Como me sinto produzindo esse tipo de material mental? Ou estou no time reduzido dos que simplesmente não produzem fantasias?

São essas perguntas que vou tentar responder hoje, já sabendo de antemão que por mais tenebrosa que seja a fantasia, é inofensiva enquanto continuar apenas em seu território — as camadas mais recuadas da nossa mente.

"Eu sou um vencedor!" "Eu sou um fracassado!" "Nada que faço dá certo!" "A minha vida é uma coleção de triunfos, nasci para vencer!" Hoje vou visitar a caixa-preta dos meus feitos, sucessos e insucessos, essa é a questão.

REPROGRAMAÇÃO 19

No Dia de Hoje

Farei um inventário de **realizações**. É comum aos simples mortais fraquejarem de vez em quando, sentindo-se fracassados, desmotivados diante de tantos reveses. Só os loucos têm certezas inabaláveis, por isso hoje vou fazer um balanço real, sem maquiagem, sem falsificações, das minhas reais realizações. Há quem persiga grandes metas e, após alguns insucessos, se ache fracassado; outros apenas sobrevivem colecionando pequenas vitórias, migalhas de sucessos. Pois bem, hoje vou parar e pensar: Sou bem-sucedido? Por quê? O que efetivamente fiz para receber esse galardão? Sou malsucedido? Por quê? Quais foram de fato os meus insucessos? Ou será que nem mesmo posso contabilizá-los por não ter ao menos tentado fazer algo? Um amigo me disse: "Só erra quem faz, e quem muito faz, pode errar muito, isso é matemático." Hoje vou fazer essa análise: o que fiz, o que deixei de fazer, onde errei, onde falhei, onde me dei bem, o que sobra de tudo isso? No fim do dia, talvez possa ter uma idéia totalmente nova acerca dos meus sucessos e realizações.

"O amor está no ar", diz o refrão da música. Mas e eu? Estou no ar em relação ao amor? O que fiz, o que pensei, o que senti era amor ou outra coisa? Hoje é dia de reflexão sobre o amor.

REPROGRAMAÇÃO 20

No Dia de Hoje

Vou encarar a minha relação com o **amor**. Como eu sonhava o amor na minha infância, na minha juventude? O que eu esperava do amor? Que planos secretos ou abertos eu tinha para o amor na minha vida? O que eu fiz ou faço a esse respeito? Como está a minha vida amorosa, que tipo de pessoa sou eu diante do amor? Sou amável? Sou amoroso? Sei amar e ser amado, sem misturar sentimentos, sem querer prender o ser amado, ou sem me escravizar a ele? O que eu pensava que era amor há alguns anos ainda penso ser? O que mudou nos meus conceitos de amor? Mudou por quê? Qual a minha responsabilidade no amor ou no desamor da minha vida? Hoje vou sem medo, sem máscaras, examinar a maneira com que tratei e sou tratado pelo amor. Estou ciente de que desse auto-exame pode emergir uma pessoa mais madura, e mais consciente e, portanto, mais apta para viver o verdadeiro amor, aquele que só me faz bem.

Livre como um pássaro... Sou livre? Faço o que quero, o que gosto? Vou para onde desejo? Hoje repenso a liberdade, a minha capacidade de estar livre de cadeias. Hoje trabalho nas armas necessárias à conquista de uma liberdade mais ampla para a minha vida.

REPROGRAMAÇÃO 21

No Dia de Hoje

Liberdade! Povos vão à guerra pela liberdade, pessoas ateiam fogo ao corpo pela liberdade, famílias arriscam tudo pela liberdade. Através dos tempos, tudo e mais alguma coisa foi feito em nome da liberdade. Hoje vou repensar e trabalhar em mim esse tão contraditório conceito. Até que ponto sou livre? Faço o que quero para viver? Moro onde realmente quero morar? Estou com quem decidi ficar? Sou eu o único controlador da minha vida? Sei que a liberdade absoluta é uma quimera, pois está intimamente ligada ao grau de evolução espiritual, psíquica e intelectual de cada um. Sei também que a humanidade como um todo está escrava de sua própria infantilidade. Mas hoje vou trabalhar a minha liberdade. Vou cortar pequenas amarras, ousar mais, explorar com mais audácia alguns limites pessoais. Vou ter coragem para ver em que mãos estão as rédeas da minha vida. Sei que não poderei considerar-me livre se a minha vida estiver nas mãos do médico, do líder religioso, da pessoa "amada", do patrão, do político, dos meios de comunicação etc. Assim, vou questionar esses laços e trabalhar hoje as minhas *asas da liberdade.*

Com bons aliados a vida fica melhor, tudo é mais fácil. Hoje cultivo meus aliados como quem cultiva uma orquídea rara; mais do que isso, hoje afino meus instrumentos de distinção entre aliados e inimigos.

REPROGRAMAÇÃO 22

No Dia de Hoje

Vou reforçar e melhorar os vínculos com os meus **aliados**. Reconheço agora que as piores coisas nos acontecem por estarmos sós, depois de abandonar ou sermos abandonados pelos nossos aliados. Sem interlocutores leais, sem reconhecer os nossos reais aliados e *distingui-los dos inimigos*, estamos perdidos. Muitas vezes a fronteira entre o aliado e o inimigo é imperceptível; outras, o aliado de hoje é o inimigo de amanhã. É preciso estar muito atento. Quantos dramas são vividos na mais completa solidão e abandono desnecessariamente. Muitas vezes uma palavra poderia ter evitado dor e sofrimento. Hoje vou cultivar os meus aliados (primeiro, vou procurar saber quem são de verdade). Posso promover uma festinha surpresa para reunir meus aliados, posso pegar o telefone e ligar só para dizer: "Obrigado por você existir". Posso ainda mandar cartas ou *e-mails*, só para adubar a relação. Entendo que aliados existem em vários *disfarces*: livros, animais, discos, plantas e, principalmente, os aliados invisíveis, pertencentes ao plano divino. Com esses, e principalmente para esses, a oração é a forma mais eficiente de nutri-los. Por isso, hoje, além de tudo, vou orar, agradecer pela presença dos aliados visíveis e invisíveis, mas fundamentais para o meu equilíbrio. Pedirei, em minhas orações, auxílio para que eu nunca deixe de lançar pontes entre o meu coração e o dos meus verdadeiros aliados, e para saber distingui-los no meio da multidão.

Hoje coloco um pouco do doce da poesia na minha vida. Se puder, colocarei poesia também no dia das pessoas à minha volta.

REPROGRAMAÇÃO 23

No Dia de Hoje

Me reconciliarei com a **poesia**. Há quanto tempo não leio bons poetas? Há quanto tempo não escuto alguém declamar uma poesia? Hoje vou revirar meus livros em busca de textos poéticos. Vou me animar e comprar algum livro de poesia. Quem sabe até escreva uma ou mais poesias. Poderei ler para alguém a quem quero bem, tirar cópias e distribuí-las a meus colegas de trabalho ou de estudo, repassá-las por *e-mail*, quem sabe colocar algumas cópias em locais onde as pessoas possam lê-las. A poesia enternece o coração e eleva o espírito, mas vivemos tempos duros e não temos tempo para ela. Se eu não sei por onde começar, vou pelos nomes consagrados: Vinicius de Moraes, Carlos Drummond de Andrade, Fernando Pessoa e seus heterônimos, Manuel Bandeira, Cecília Meireles, Mário de Andrade, Ledo Ivo, Ferreira Gullar, Cassiano Ricardo, só para citar alguns poetas eternos que escreveram em português. A poesia pode ser romântica, política, pode ser derramada ou seca como a areia do deserto, mas a boa poesia é sempre a expressão de fontes superiores da alma humana.

Medo não! Hoje vou encarar, destemido, os meus medos. Vou dizer a eles um monte de verdades. Será que eles encaram a minha coragem?

REPROGRAMAÇÃO 24

No Dia de Hoje

Colocarei o **medo** (principalmente os *meus* medos) no banco dos réus! Existem medos e medos, eu bem sei. Alguns são altamente saudáveis, pois nos mantêm longe do perigo, fazem parte do nosso instinto de preservação. Mas a sociedade moderna nos trouxe medos novos, medos artificiais, ressuscitou medos antigos, ao mesmo tempo que tornou menor a nossa capacidade de enfrentá-los. Em resumo, somos mais medrosos e assustados hoje e temos mais medos do que no passado. Hoje vou examinar meus medos: de barata, de lagartixa, de aranha, de ser demitido, de ladrão, de morrer, de ser abandonado, de ser feliz... Até onde algum medo me paralisa? Até onde o medo se transformou em fobia? Sei que talvez não possa lidar sozinho ou mesmo racionalmente com esse tema, mas vou começar agora. Se preciso for, pedirei ajuda para exorcizar esses fantasmas da minha vida. Para começar, que tal matar uma baratinha?

Sim, eu digo NÃO! Chega de dizer sim quando na verdade era o não o necessário. O não é a mão espalmada que me protege da invasão, da intromissão, da violação do meu espaço individual. Hoje, comigo, é na base do NÃO!

REPROGRAMAÇÃO 25

No Dia de Hoje

Vou dizer **NÃO**! Como é difícil falar essa pequena palavra. No entanto, ela pode resolver tantos problemas... Tanta dor de cabeça poderia ser evitada se apenas pudéssemos ter dito NÃO! Hoje vou realizar um treinamento de assertividade, vou dizer *não* à vontade, só para praticar, só para me ouvir dizendo *não*. Se alguém em casa me pedir um simples favor, direi calma, mas firmemente, *não*, sem direito a explicações. Direi *não* no trabalho, na rua, vou me divertir um pouco com o resultado dessa palavra mágica e poderosa. Mais tarde explicarei que estava fazendo um exercício, ou talvez nem explique. Hoje vou aprender, praticando, a importância de dizer *não* quando realmente eu quero dizer *não*.

Canto e encanto, la-ra-li-la-rá, canto para exorcizar, canto para o ar, canto por cantar. Canto o dia, canto a vida, canto quantas puder cantar!

REPROGRAMAÇÃO 26

No Dia de Hoje

Vou **cantar** sem parar. Como diz o ditado: "Quem canta seus males espanta", hoje vou imitar os pássaros canoros. Cantarei nos lugares comuns, no chuveiro, por exemplo, no carro, na rua, cantarei no restaurante, no escritório, cantarei na igreja, fazendo comida, fazendo amor. Cantarei velhas canções, se estiver irritado, mas também cantarei se estiver preocupado, tenso ou feliz. Vou cantar rock, samba, boleros, tangos, o Hino Nacional, a Ave-Maria, cantarei músicas sem letra, só na base do assobio ou do *lá, lá, lá.* Esse é um velho truque mágico para mudar o rumo do dia (quando ele não está indo bem) ou para afiná-lo ainda mais (quando tudo está OK). No dia de hoje farei da música a minha alegre resposta para todas as situações.

"Se um dia / meu coração for consultado / para saber se andou errado / será difícil negar. / Meu coração tem mania de amor... /"

PAULINHO DA VIOLA

Por quê? Quem disse isso? Como foi? Farei perguntas, não aceitarei passivamente afirmações e teorias; mesmo que isso não faça a mínima diferença para mim, vou me adestrar na arte da crítica e do questionamento.

REPROGRAMAÇÃO 27

No Dia de Hoje

Serei um perguntador obstinado. Farei do **por quê?** a minha arma. Não aceitarei afirmações, teorias, conclusões, verdades incontestáveis. Sempre, ao ouvir definições ou afirmações taxativas, perguntarei *por quê?* e seguirei em frente, perguntando: "Mas, e por que isso?" Vou verificar, com surpresa, que a maioria das pessoas não sabe explicar ou justificar suas idéias ou suas teorias (parte disso se deve ao simples fato de não serem realmente suas). Essa pequena palavrinha é capaz de desconcertar grandes eruditos. Quando o por quê não se aplicar, poderei perguntar "como?", "de que forma?", "qual é a razão?", "quem disse isso?", "quando?".

Isso servirá para aguçar meu senso crítico e melhorar o meu filtro de informações — afinal, meu ouvido não é lata de lixo...

"Você está de parabéns — muito bem —, está realmente ótimo!" Valorizar as pessoas no que elas têm de bom é hoje o mais importante.

REPROGRAMAÇÃO 28

No Dia de Hoje

Vou **valorizar as pessoas**. Não existe maior solidão do que se sentir sem valor. Não sei exatamente por que, mas a nossa sociedade reprime as demonstrações mais simples de valorização do indivíduo. Estudos feitos nos EUA, na área de recursos humanos, mostram que a maioria dos funcionários de empresas considera o salário o segundo item mais importante — o primeiro é serem valorizados! Frases como "seu trabalho ficou muito bom", "realmente essa roupa lhe caiu bem", "você está me passando uma energia ótima hoje", "excelente!", "você é muito simpático", "você merece o melhor" etc. são estímulos positivos altamente recompensadores, desde que não sejam uma bajulação banal. Dar valor ao trabalho do outro, ao seu esforço em se arrumar melhor, valorizar as boas demonstrações e atitudes positivas, tudo isso é muito saudável e abre as portas dos corações. Hoje vou prestar mais atenção à minha volta e, de alguma forma, acharei um jeito de valorizar cada pessoa que encontrar.

Olho-me no espelho, fecho os olhos,
me vejo velho. Como estou tratando o velho
que serei um dia? Que corpo, que mente
estou legando para aquele que serei no
futuro? Hoje encaro a minha velhice
de olhos bem abertos.

REPROGRAMAÇÃO 29

No Dia de Hoje

Travarei contato com a **velhice**. Shakespeare disse: "Ninguém deveria envelhecer sem antes tornar-se sábio." Tenho medo da velhice, consigo me ver *velho*? Qual a expectativa que tenho em relação à idade? Algumas pessoas vêem a velhice como uma doença, outras como uma bênção. E eu, como me sinto a respeito? Serei suficientemente sábio para viver bem a terceira idade sem sofrimento? Qual a contribuição que *hoje* dou ao velho que serei amanhã?

No dia de hoje vou tratar de mim mesmo *amanhã*, quando o tempo houver pintado de branco os meus cabelos. Poderei conversar com os idosos, fazer perguntas, ouvir suas queixas mais comuns. Poderei observar, com atenção dirigida, os velhos da minha família, para saber se estou trilhando o mesmo caminho e onde dará esse caminho. Poderei refletir sobre o tipo de corpo (condição física) que vou legar para o velho que um dia, talvez, serei. Trato bem da minha coluna e dos meus joelhos? Trato meu estômago como lixeira? Sou excessivamente preocupado, tenso, carrancudo?

Meus hábitos atuais não são uma bomba-relógio que explodirá quando eu envelhecer? Serei saudável o suficiente para não viver a velhice como se fosse uma dolorosa e incurável doença?

"O dinheiro faz o mundo girar",
diz a canção. O que ele faz comigo?
Hoje fecho para balanço. Repasso e repenso
a minha relação com o dinheiro.

REPROGRAMAÇÃO 30

No Dia de Hoje

Farei um balanço da minha relação com o **dinheiro**. Uma famosa canção dizia: "O dinheiro faz o mundo girar." E comigo, o que ele faz? Astrólogos, numerólogos e até psicólogos tentam explicar por que o dinheiro persegue obstinadamente certas pessoas e foge de outras. Por que ele fugiu durante tantos anos para, de repente, "chover" aos milhões sobre alguém ou vice-versa? Que mecanismo misterioso é esse, responsável pela "felicidade" de muitos que têm "estrela" e pela desgraça de tantos outros cujo urubu pousou na sorte?

Hoje vou passar a limpo a minha relação com o dinheiro. Está faltando? Sempre faltou? Nunca foi problema para mim? Nasci com o bumbum para a lua? De qualquer forma, preciso entender que em muitos aspectos ser ou não ser financeiramente bem-sucedido não é algo que dependa exclusivamente de mim ou da minha função profissional. Existem fatores inconscientes, energéticos e até espirituais por trás dessa poderosa relação. Até que ponto o dinheiro ou sua ausência impede/dificulta a minha realização sentimental ou pessoal?

No dia de hoje vou meditar sobre todas essas questões e escreverei, no fim do dia, o balanço desse "exercício fiscal".

A Mente Divina criou o Universo.
Hoje criarei, com imagens da minha
mente, aquilo que desejo ver realizado.
Imagina-ação!

REPROGRAMAÇÃO 31

No Dia de Hoje

Criarei na minha mente as imagens daquilo que desejo ver realizado (também conhecidas como *visualização criativa*). Aceito agora o fato, alegado por especialistas no mundo inteiro, de que criar **imagens mentais** ajuda na obtenção e realização das coisas desejadas. Os especialistas afirmam também que fatores como nitidez da imagem, concentração e maior tempo de permanência na mente, fé (sem quaisquer questionamentos sobre como aquilo poderá se realizar) são fundamentais para o sucesso dessa prática. Hoje vou escolher um alvo, algo muito desejado, não importa o quão difícil seja, vou passar esse filme durante todo o dia na tela da minha mente. Colocarei cada vez mais detalhes na imagem e, se ela ameaçar se desvanecer, voltarei a focalizá-la e a me fixar nela.

Vou ver o meu trabalho sob um novo ângulo. Vou fazer o meu trabalho com novo ânimo. Ele é o real na minha vida.

REPROGRAMAÇÃO 32

No Dia de Hoje

Estarei totalmente envolvido, dedicado e interessado no meu **trabalho** (ou nos meus estudos), pois ele é o que de real existe ao longo de todo o tempo. Para muitos, o trabalho é uma carga pesada, uma obrigação penosa à qual estão desgraçadamente atrelados. De certa forma, isto é uma ilusão, pois até os antigos escravos se rebelavam e fugiam. Hoje vou mergulhar nesse assunto até o fundo. O que faço, faço com gosto? Sou bom nisso? Tenho a remuneração justa pelo que produzo? Que outra coisa eu poderia fazer aqui ou em outro lugar? O que está me travando nesse trabalho atual? Qual o peso do meu ambiente (isso inclui as pessoas) de trabalho no meu grau de satisfação profissional? Posso mudar isso? Se quero mudar, por que não tenho coragem?

Para refletir melhor, devo antes me despir de velhos status, medos e preconceitos. Esquecerei frases do tipo "estou muito velho para mudar", ou "a crise é muito grave, por isso devo ficar quieto no meu canto". Hoje vou repensar, com coragem e sinceridade, a minha atividade profissional, e certamente ao fim do dia terei algumas diretrizes para o meu futuro.

Meus direitos! Vou encher a boca e exigi-los. Vou me informar melhor sobre eles. Talvez seja algo que eu nunca faço, mas hoje vou estar atento e lutar pelos direitos que conquistei como membro dessa sociedade.

REPROGRAMAÇÃO 33

No Dia de Hoje

Lutarei pelos meus direitos. A cada dia a sociedade se aperfeiçoa para dar ao indivíduo condições legais e operacionais para ele fazer valer seus direitos *humanos*.

Ainda estamos longe de uma situação ideal, pois na prática os meus direitos são parcial ou totalmente violados a cada momento. Hoje vou brigar sempre que sentir violados os meus direitos de cidadão. Para mim está claro que usarei, nesse programa, apenas os mecanismos legais já desenvolvidos e postos à disposição de todos. Isso implica conhecer esses mecanismos, em forma de leis, portarias, instituições de defesa dos direitos do consumidor, associações de classe etc. Hoje, pelo menos, não vou deixar para lá quando alguém, seja quem for, pular a cerca, invadir o meu espaço e pisar nos meus direitos legítimos.

Seja no supermercado, no banco, na repartição pública, no trânsito, no hospital, na escola, em qualquer situação, não permitirei a violação daqueles que a própria sociedade elegeu como sendo os meus direitos.

Aqui e agora. O eterno está contido no momento presente. Estarei todo no presente, não permitirei fugas mentais ou sentimentais para qualquer tempo que não seja o agora, nem para qualquer lugar que não seja o aqui.

REPROGRAMAÇÃO 34

No Dia de Hoje

Vou exercitar o **aqui e agora**. Em seus ensinamentos, os mestres do Oriente dão uma ênfase especial à centralização no presente, é o tão famoso *aqui e agora*. Eles sempre reforçam a idéia de que o eterno está inserido no momento presente. Os psicólogos, em sua maioria, reconhecem que a preocupação com o passado e com o futuro representa fontes permanentes de angústia e ansiedade. Como disse um filósofo: "Retiramos do nosso calendário semanal dois dias: o ontem e o amanhã." Quanto tempo perdemos, quanta ansiedade vivemos, quando deixamos de viver o momento para nos afligirmos com o que poderá acontecer amanhã. Quanto sofrimento inútil quando carregamos nas costas o sarcófago do passado.

Se na minha mente sobrevivem preocupações com o amanhã, ou meu coração se amargura com dores de ontem, vou dar um tapa no meu rosto e dizer: "Acorde, você está aqui e agora, esse é o momento e o lugar; o tempo é o presente — viva-o!"

"Uma mão lava a outra e as duas juntas lavam o rosto", seguirei o provérbio popular, serei mais cooperativo, mais solícito.

REPROGRAMAÇÃO 35

No Dia de Hoje

Vou **cooperar** mais. Sinto que, muitas vezes movido pela necessidade de sobrevivência, me torno indiferente ou insensível às dificuldades do outro. Hoje vou estar atento e procurarei cooperar, sempre que a ocasião requerer. Entendo que estar na posição de poder cooperar é um privilégio, mas usarei meu discernimento e senso de justiça para saber onde a minha cooperação pode ser benéfica ou prejudicial a quem está sendo ajudado. Se aquele senhor está com dificuldade para empurrar o carro enguiçado e posso ajudar, então ajudarei; se puder cooperar em casa nas tarefas das quais nunca participo (mesmo que cause estranheza à minha família), vou cooperar. Não sairei por aí oferecendo ajuda aos necessitados, mas, sempre que diante de mim surgir uma situação, vou dar a minha contribuição. Posso ajudar uma criança com dificuldade em seus deveres escolares (mas sem resolver tudo para ela), posso ajudar uma pessoa cega a atravessar a rua — mas esse programa não inclui dar esmolas a todos os pedintes do dia. Assim, exercitarei o meu sentido de cooperação tornando-me mais humano e mais útil nesse teatro social em que vivemos.

Rejeito e fujo das pessoas negativas e desequilibradas — não permitirei que elas aflijam o meu espírito.

REPROGRAMAÇÃO 36

No Dia de Hoje

Me **afastarei** das pessoas perturbadas, agressivas e negativas. Todos nós somos verdadeiros rádios transmissores e receptores, enviando e recebendo ondas de padrões mentais das mais variadas intensidades. Entendo que alguns dos meus problemas são desequilíbrios provocados pelo contato com quem está em total desarmonia com a vida. Às vezes, por armadilha do destino, elas são parentes próximos, colegas (ou superiores) de trabalho ou são pessoas de quem a gente precisa. Mas hoje, sejam elas quem forem, me distanciarei. Arrumarei qualquer pretexto: dor de barriga, reunião urgente, direi que esqueci alguma coisa importante e tenho que sair; enfim, vou "fugir" do perímetro de negatividade gerado por quem quer que seja. Se de todo não for possível a retirada estratégica, me ausentarei mentalmente, criando ao meu redor um escudo de luz que me impedirá de ser atingido pelo negativismo alheio.

O futuro começa hoje. Não esperarei amanhã, ou o início do ano, ou o meu próximo aniversário para construir o meu futuro. Começarei hoje.

REPROGRAMAÇÃO 37

No Dia de Hoje

Vou **estabelecer metas** para o meu futuro. As pessoas costumam reclamar que andam em círculos, que estão sempre repetindo as mesmas situações — entra ano, sai ano, e nada muda. Pensando bem, somos como passarinhos presos no visgo, grudados nas nossas próprias redes de problemas recorrentes. Hoje vou começar a mudar essa situação. Não vou esperar para só reagir quando o problema bater na minha porta pela "enésima" vez. Vou começar hoje algo que só vai dar frutos daqui a algum tempo. O que estou fazendo agora pelo eu de amanhã? Nada?! O que você acha de escrever um livro? Fazer um curso, aprender algo inteiramente novo (ou há muito tempo sonhado)? Retomar uma obra interrompida porque não daria lucros imediatos, mudar a própria imagem, adotar um hobby? Parar de fumar? Se o problema recorrente é dinheiro, mudar o modelo mental, arranjar outro emprego, pedir conselhos a alguém melhor posicionado, estudar para um concurso, pensar sério em mudar de cidade, de estado, de país... Seja qual for o programa que desejo mudar, começarei hoje, e para não confundir sonho com meta, colocarei *datas* nos meus projetos e etapas a serem cumpridas.

Hoje meditarei na minha morte, terei intimidade com ela; afinal, de tudo o mais, ela é a única certeza absoluta da vida!

REPROGRAMAÇÃO 38

No Dia de Hoje

Vou encarar a idéia da **morte**. Sim, eu sei que não é um assunto agradável. Por isso mesmo vou lidar hoje com a morte. Nada, absolutamente nada no Universo escapa desse encontro. Hoje preciso compreender que não existe morte, mas sim "mortes", passagens de um estado para outro. A lagarta morre para dar vida à borboleta, a menina morre para a chegada da mulher, a inocência morre para que a malícia assuma. Todas essas "mortes" são dolorosas, são "passagens"; em algumas há até derramamento de sangue; noutras, perde-se um pouco da alma, mas sempre se cruza a ponte para o novo. A vida é uma sucessão de travessias, onde, para passar ao outro lado, tem-se que abandonar algo de precioso, caro, ou ilusório. Sei que esse não é um tema com que se possa lidar intelectualmente, por isso vou escolher um momento durante o dia e meditar sobre ele. Poderei deitar-me no chão, cruzar as mãos sobre o peito, fechar os olhos, ficar imóvel. Vou procurar me ver deitado assim. Imaginar que aquele é o meu corpo, sem vida, inerte. "Se eu morresse agora? Quanta coisa ficou por fazer, quantos beijos não dei, quanto adiamento... Tanto restou para ser dito, para ser sentido — achei ser o dono do tempo, achei que teria toda a eternidade. Mas foi tudo tão rápido... Mas eu penso, sinto, tenho todas as sensações, só o meu corpo jaz no chão." Vou meditar sobre a morte — talvez eu aprenda a aproveitar melhor a vida.

Quem sou eu? Quem sou eu verdadeiramente? Hoje dedicarei meus esforços a saber um pouco mais sobre a minha face original. Começo a responder a essas perguntas.

REPROGRAMAÇÃO 39

No Dia de Hoje

Vou me **conhecer melhor**. Os grandes sistemas filosóficos, os mestres iluminados, as melhores escolas da psicologia concordam num ponto: a grande e fundamental meta do homem é o autoconhecimento. Freud, referindo-se ao poder do inconsciente, disse: "Habitamos uma casa da qual não somos donos." Quem, na verdade, sou eu? "Quantos" sou? Sou algo cristalizado ou um processo que flui constantemente? Está claro que não poderei responder a essas perguntas hoje — mas trabalharei no assunto. Vou refletir sobre as minhas atitudes "estranhas", sobre os comportamentos "incompreensíveis". Vou encarar sem medo os pensamentos mais absurdos que já me vieram à cabeça. Se costumo me lembrar dos sonhos, vou registrá-los, eles também costumam dar "dicas" sobre quem sou. Mas o melhor mesmo é começar hoje um diário, no qual escreverei pequenos resumos do que fiz, pensei ou sonhei. Não deixarei de fazer nada, mas serei uma testemunha atenta e registradora de todos os meus atos, minhas reações e meus processos interiores. Assim, poderei estar iniciando hoje um longo (e às vezes penoso) processo de autoconhecimento, que poderá nunca terminar, porém certamente servirá para o meu amadurecimento psicológico, físico e espiritual.

Terei calma, serei a calma, não permitirei que a roda-viva do dia me leve junto. Diante da pressa e da agitação, respirarei fundo e terei calma.

REPROGRAMAÇÃO 40

No Dia de Hoje

Calma! Esse será o meu emblema no dia de hoje. Há dias em que a minha vida parece um filme em câmera acelerada. Encho de tal forma o meu dia com compromissos, trabalhos, obrigações, que acabo fazendo tudo no atropelo, às pressas, sempre no último minuto da última hora. Acabo me acostumando à agitação, viciando-me na adrenalina que produzo, vou por aí distribuindo frases do tipo "a vida está corrida", "não tenho tempo", "rápido, rápido", "estou morrendo de pressa". Hoje me programarei para reduzir o ritmo, terei *calma,* saberei esperar na fila, sem angústia, vou aguardar o sinal de trânsito ficar verde para mim, tomarei o café ou a água bem devagarinho, sorvendo cada gole, com calma. Vou me vigiar para falar pausadamente com as pessoas e ouvi-las como se eu tivesse todo o tempo do mundo. De vez em quando, se a correria tentar voltar, vou parar, respirar profundamente cinco vezes e repetir: "Agora estou mais calmo, bem mais tranqüilo."

No fim do dia, talvez eu descubra que, com calma, consegui realizar mais, melhor e, principalmente, ganhei mais alguns anos de vida.

Não sou um computador que tem de aceitar qualquer "programa" nele inserido. Desativo, rejeito e cancelo todos os "programas" colocados na minha memória inconsciente, responsáveis por comportamentos e sentimentos negativos e que não me pertencem.

REPROGRAMAÇÃO 41

No Dia de Hoje

Vou detectar e desativar **programas negativos** de infância.

Machado de Assis, mesmo sem ser psicólogo, percebeu que "o menino é o pai do homem". É na infância que recebemos os mais graves "programas" através de nossos pais; esses programas serão responsáveis por comportamentos inadequados, sentimentos de importância, rejeição, agressividade exagerada e muitos outros, chegando a se configurar em neuroses e até psicoses. São programas do tipo "você não deveria ter vindo", "não exista", "não demonstre os seus sentimentos", "desconfie de todos", "ande logo com isso, seu molenga", "você é um desastrado, não faz nada certo". Vou voltar o filme da minha vida e usar a memória para localizar os programas desse tipo que meu pai e minha mãe usaram (ou usam) comigo e vou desativá-los. Farei isso sozinho ou com a ajuda de alguém confiável que irá me mostrar quando e onde eu costumo executar esses programas. Sei que esse é um processo demorado, sofrido e difícil, porém fundamental e por isso começarei hoje.

Detalhes tão pequenos... às vezes escapam, às vezes nem aparecem, às vezes são a diferença entre a vida e a morte. Serei detalhista, atento e minucioso a tudo, a todos os detalhes.

REPROGRAMAÇÃO 42

No Dia de Hoje

Serei **meticuloso**. Observarei tudo em seus mínimos **detalhes**. Na maior parte do tempo fazemos as coisas por "atacado". Os termos "por alto", "aproximadamente", "mais ou menos" são provas de que não cuidamos dos detalhes nas tarefas ou relações. Quantas vezes negócios fracassaram por causa de pequeninos detalhes? E quantas situações, relações, projetos foram por água abaixo porque não se cuidou de algum pequeno item que passou batido? Hoje vou prestar atenção nos detalhes: do botão à vírgula, do fio de cabelo às letrinhas miúdas do contrato. É importante ter uma visão nítida do geral, do todo, mas são os pequenos componentes dos grandes mecanismos que o fazem funcionar. Assim, estarei atento para contabilizar hoje os mínimos detalhes, exigindo até que sejam colocados na mesa, e, como um relojoeiro, examinarei essas "engrenagenzinhas" para avaliar a sua real importância na totalidade em questão.

Muito prazer. Hoje saio atrás das fontes de prazer. Darei ao prazer o lugar de honra no meu dia.

REPROGRAMAÇÃO 43

No Dia de Hoje

Vou atrás do **prazer**. Observo as pessoas à minha volta: pai, mãe, parentes, colegas de trabalho, e me pergunto: onde está o prazer na vida dessas pessoas? Aliás, não preciso ir tão longe; onde está o prazer na minha vida? O que eu faço exclusivamente por *prazer*? Até o sexo, que deveria ser a atividade específica do prazer, às vezes não o é.

Hoje vou colocar as sensações prazerosas no topo da minha lista. Vou procurar fazer as coisas com prazer, curtir o sorvete, sentir o sol esquentar meu rosto como se fosse uma carícia, tomar um banho demorado onde vou passear as mãos pelo meu corpo, sensualmente. Estarei em busca de oportunidades para me dar prazer. Mesmo as pequenas coisas serão transformadas em estímulos erótico-prazerosos. Não esperarei obter prazer *de* ou *com* outras pessoas, esta será uma experiência pessoal, comigo mesmo, intransferível. Com isso saberei no fim do dia que, se não puder obter prazer por mim ou comigo mesmo, dificilmente será possível obtê-lo (dá-lo) com (a) outra pessoa.

Sempre alerta! Peço emprestado aos escoteiros o seu lema, pois esse será o meu lema hoje.

REPROGRAMAÇÃO 44

No Dia de Hoje

Estarei todo o tempo **alerta**. Reconheço que, mesmo tendo sido prevenido de algum perigo, acabo me distraindo num instante e me torno vulnerável. A distração é um fato comum no cotidiano das pessoas (de certa forma ela é até necessária). Mas hoje vou me programar para ficar "ligado" o máximo possível! Sei que isso representa um grande esforço de vontade e concentração, mas vou tentar. Estar alerta significa estar com as antenas ligadas nas informações que chegam até mim. Significa esforçar-me para compreender essas informações em todos os seus sentidos — aparentes e ocultos. Se tenho que realizar uma tarefa penosa, estarei ligado, para que não tenha de repeti-la ou complementá-la mais tarde. Vou permanecer alerta para os avisos que a vida me dá a cada instante e que, por estar distraído, muitas vezes não percebo, não entendo ou nem levo em consideração.

Os antigos sábios chineses diziam: "Ceder é a arma do grande." Hoje usarei essa arma. Cederei; não vou disputar, não vou pelejar. Paro e cedo.

REPROGRAMAÇÃO 45

No Dia de Hoje

Me programarei para **ceder**. Se a vida para mim é um constante "cabo-de-guerra" em que eu sempre estou numa ponta da corda e "eles" na outra, hoje, pelo menos, vou largar a corda! Ceder significa não opor resistência, entregar a luta a um Poder Maior, confiar nesse poder, investir tudo nele. Não se trata de comodismo ou passividade; ao contrário, é por se debater inutilmente que o peixe se enrosca mais na rede. Cederei a vez no trânsito, cederei a vez ao entrar no ônibus, cederei no início de uma discussão (sem ironizar), cederei na disputa de algo que desejo (mas sei que não é imprescindível). Vou verificar durante o *programa ceder* a inutilidade de muitas lutas que travo, e principalmente quanta energia é desperdiçada em vão. *Ceder, conceder* fazem parte do mesmo verbo — *engrandecer.*

*"O futuro a Deus pertence."
Se sou filho autêntico de Deus, o futuro
me pertence por herança legítima. Hoje vou
me interessar pelo futuro da humanidade.
O que a ciência nos reserva?
O que comeremos, vestiremos, como nos
divertiremos daqui a 20, 30 anos?*

REPROGRAMAÇÃO 46

No Dia de Hoje

Vou vislumbrar o **futuro**. Os futurólogos dizem que 80% das coisas que estarão à nossa disposição daqui a vinte anos ainda não foram inventadas. Como estou me preparando para viver nessa realidade? Estou atualizado com as conquistas e evoluções do presente? O que eu sei de coisas como inteligência artificial, fontes de energia, robótica, realidade virtual, engenharia genética? Se nada sei a respeito dessas realidades, vou me informar. Compreendo, hoje, que o ritmo das mudanças é muito veloz; conceitos, verdades, máquinas e tecnologias ficam obsoletas quando a gente ainda nem se familiarizou com elas. Estou preparado para viver num mundo controlado por computadores cada vez mais poderosos? Se a resposta é não, ou não sei, hoje, pelo menos, vou me preocupar com isso. Poderei ler a respeito, perguntar a alguém que saiba, enfim, me interessar. Os avanços científicos não mais se dão passo a passo, quando então o homem tinha tempo para se "aclimatar" às invenções. A característica básica daqui para diante são os *saltos,* e hoje resolvo que não ficarei para trás como a imensa maioria da população. Saltarei também para o futuro.

Silêncio. Melhor calar. Silêncio.
Melhor ouvir. Silêncio...

REPROGRAMAÇÃO 47

No Dia de Hoje

Vou cultivar o **silêncio**. Os antigos diziam que as palavras são de prata, mas o silêncio é de ouro. Nossa sociedade é essencialmente verbal, e nós nos "viciamos" em falar. As palavras, hoje, já não correspondem aos sentimentos; em grande parte, são fortuitas e levianas. Uma célebre esotérica* disse que "muito dos males da nossa civilização se deve às palavras vãs". Reconheço que gasto (e me desgasto) muita energia falando desnecessariamente, falando por falar. Hoje vou guardar o máximo possível o silêncio. Vou falar apenas o que for realmente indispensável. Se for preciso, poderei fingir que estou com um problema nas cordas vocais e o médico me proibiu de falar. Durante o dia vou perceber como eu falava bobagens, coisas inúteis, fúteis. A energia que se vai com as palavras estará mais contida, me alimentarei dela, com o meu silêncio. Talvez, ao diminuir a enxurrada de sons que emito, possa ouvir mais e melhor a minha voz interior; talvez ela tenha coisas muito interessantes para me dizer.

---

*Annie Besant em *O Aperfeiçoamento do Homem*. Editora Pensamento, São Paulo.

Laços ou nós de família? Hoje vou remontar o meu álbum de família, vou passar a limpo essas relações e o peso que tiveram e têm na minha vida.

REPROGRAMAÇÃO 48

No Dia de Hoje

Vou rever e reavaliar as minhas **relações familiares**. Compreendo agora que a família é o palco onde se encenam diariamente dramas e comédias "escritos" no passado, às vezes até por outras pessoas que agora nem na platéia estão. Há um desgaste natural pelos anos de convívio e atritos; assim, muitas vezes onde a família deveria ser a base de apoio do indivíduo torna-se o seu inferno particular. Muitas brigas e mágoas seriam evitadas facilmente se pudéssemos nos distanciar e ver com outros olhos *aquela* pessoa. Hoje vou fazer isso, me "distanciar" da minha família e rever o meu próprio comportamento, as minhas atitudes para com eles, os meus sentimentos. Não farei isto para arranjar desculpas para mim ou para eles — apenas repensarei as relações e as situações que levaram a esse estado atual de coisas. Vou me imaginar longe, ou, ainda, pensar como seria se estas pessoas morressem de repente. Como me sentiria? Será que um pequeno esforço de minha parte não melhoraria as coisas? Ou talvez esteja me esforçando em demasia, e deixar de lado seria uma boa opção? Hoje dedicarei o meu dia a fazer esse balanço das minhas relações familiares e dos sentimentos nelas envolvidos.

Concentração. Concentração. Concentração. Isso mesmo, hoje vou me CONCENTRAR totalmente em tudo que fizer. Colocarei toda a atenção em cada tarefa. Vou começar e terminar. Nada vai me desviar a atenção, ninguém vai me desconcentrar.

REPROGRAMAÇÃO 49

No Dia de Hoje

Me concentrarei. No passado, as pessoas levavam uma vida mais linear, havia uma quantidade muito menor de estímulos dispersivos. Atualmente, acabamos sendo verdadeiramente "esquartejados" por uma multiplicidade de apelos, cada um exigindo-nos atenção e ação (muitas vezes em sentidos opostos e contraditórios). "Arrumando o armário, encontrei um livro, que comecei a folhear. Aí algo no livro me lembrou de um telefonema que precisava dar. A caminho do telefone, vi uma lâmpada acesa do lado de fora; quando fui apagá-la, percebi que o quintal estava sujo, e comecei a limpá-lo." Esse é um exemplo do que não irei fazer hoje. Faço agora um pacto de terminar tudo que começar. Vou procurar me colocar inteiro em cada coisa que fizer. Repetirei centenas de vezes a palavra *concentrar.* Tenho certeza de que a concentração é o primeiro e mais importante passo para a criação de uma *vontade forte* e de um comportamento eficiente. Por isso farei as tarefas uma a uma, sem atropelar, e estarei totalmente presente em cada coisa que fizer.

Estarei alerta às pequenas violências do dia-a-dia. Sempre que puder, se possível, sem causar danos maiores, fiscalizarei a mim mesmo, a minha família e os que estão próximos na prática de agressões que cometemos por incivilidade, falta de educação e inconsciência.

REPROGRAMAÇÃO 50

No Dia de Hoje

Serei um fiscal das **pequenas violências**. A todo momento se cometem violências contra o ser humano, contra a natureza, contra a própria sociedade. Minha atenção hoje se voltará para as pequenas violências que em geral passam despercebidas, embora em seu conjunto contribuam para piorar a vida de todos e às vezes infernizem o nosso dia. Um carro cujos ocupantes vão deixando um rastro de papéis e lixo pela rua. Chiclete grudado no receptor do telefone público, alguém que fura uma fila, um cigarro aceso num ambiente fechado, gente que não recolhe o cocô do seu cachorro, motorista que fecha o cruzamento, e por aí vai. Essas agressões são fruto da nossa inconsciência, da nossa falta de educação social, e muitas vezes nós mesmos as cometemos por distração, por não estarmos simplesmente ligados no outro, no direito e no espaço do outro. No dia de hoje vou registrar o número de agressões e a qualidade dessas agressões; se eu puder intervir sem causar um mal maior, intervirei; se não, apenas observarei, para que sirva de espelho para meu próprio comportamento. Pelo menos *eu,* hoje, não cometerei nenhuma dessas pequenas violências que infernizam o cotidiano das pessoas.

Hoje comerei o que gosto, o que não conheço — e o que não gosto também. Beberei da água a respeito da qual eu disse "nunca beberei", assim vou checar a quantidade e a qualidade dos meus preconceitos gastronômicos.

REPROGRAMAÇÃO 51

No Dia de Hoje

Vou tentar **experimentar** (comer e/ou beber) tudo aquilo que normalmente rejeito e nem chego perto. Assumo agora que muitas coisas rejeitadas por mim, na verdade, nunca cheguei a experimentar, e a isso se chama preconceito. "Não provei e não gostei" parece ser o meu lema diante de certos alimentos e bebidas? Ou, quem sabe, ficou uma lembrança negativa de uma comida malfeita, e daí para colocá-la na lista do "nunca mais" foi automático. Hoje vou fazer um pequeno esforço, em nome da desprogramação, em nome do novo, em nome da dinâmica constante da vida — vou comer e beber algo que não faz mais parte da minha mesa. Mesmo que não se trate de uma atitude preconceituosa e, sim, de uma decisão baseada naquilo que acho ser o "melhor para mim, para a minha saúde", como no caso de vegetarianos e macrobióticos, no dia de hoje vou sair da "linha", transgredir regras, pular a cerca da minha mesa. Vou me dar a oportunidade de provar, de ser surpreendido.

Desafio a rotina, mostro ao mundo que não estou prisioneiro da teia que eu mesmo teci. Driblo, desvio, esquivo, pulo por cima, saio de banda, passo por baixo — e deixo a rotina na esquina.

REPROGRAMAÇÃO 52

No Dia de Hoje

Colocarei em xeque a **rotina** da qual muitas vezes me sinto prisioneiro. Se venho sendo bastante responsável, cumprindo sistematicamente meus compromissos, posso estar sentindo a sensação desconfortável de ser apenas uma peça numa engrenagem sobre a qual pouco ou nenhum controle tenho. A isso se chama alienação. A isso se chama perder o controle da própria vida. Hoje vou provar a mim mesmo que não perdi o controle — vou detonar alguma rotina do meu cotidiano. Posso ser radical e não ir trabalhar. Se essa idéia me assusta, posso pensar: o que aconteceria no meu trabalho se eu ficasse doente ou se uma grande tempestade me impedisse de sair de casa? Nada. Tudo acabaria se ajeitando. Uma outra possibilidade é não voltar para casa logo após o expediente. Posso ir a um bar ou a um cinema. Há quanto tempo não vou a um museu? Nunca fui? Então, hoje irei. Poderei pegar um ônibus intermunicipal e ir até uma cidade vizinha, darei uma volta por lá, puxarei conversa com alguém, comprarei uma lembrancinha e voltarei. Enfim, simplesmente analisarei as minhas rotinas e BUM! Tenho a certeza de que sentirei a agradável sensação de ser livre e de estar no comando da minha vida.

Transformação. Hoje trabalho para mudar, vou alterar pequenas ou grandes facetas da minha vida. Mudarei para me dar uma chance de encontrar o universo das infinitas possibilidades.

REPROGRAMAÇÃO 53

No Dia de Hoje

Vou **mudar** alguma coisa em mim. Muitas vezes reclamo que a minha vida é monótona, que nada acontece de diferente, de surpreendente. Compreendo agora que eu sou o grande responsável por isso ao manter rigidamente os meus hábitos, comportamentos, ideologias e posturas. Assim, fico circulando em rota fixa dentro dos limites do meu universo, sem possibilidade (a não ser por acidente) de entrar em contato com outros universos. Sei que muito disso se deve aos meus mecanismos de defesa. Hoje vou relaxar esses mecanismos, mudando alguma coisa em mim. Poderei mudar, por exemplo, a cor do meu cabelo ou mesmo o corte. Poderei mudar radicalmente o meu estilo de vestir (pedirei emprestadas roupas de alguém bem diferente de mim). Poderei ainda usar o ônibus, em vez do carro, ou caminhar até o trabalho. Almoçar num restaurante chinês, vegetariano ou até fazer jejum poderá representar uma mudança. E se eu fumar cachimbo? Ou não usar sutiã? Enfim, existem muitas possibilidades que poderei explorar. Parece pouco, mas, às vezes, um pequeno detalhe altera todo um programa, lançando-nos num universo de infinitas possibilidades.

Faço cada tarefa, por menor que seja, com gratidão. Assim, valorizo e torno sagradas as pequenas ocorrências do meu cotidiano.

REPROGRAMAÇÃO 54

No Dia de Hoje

Vou valorizar as **pequenas coisas**. Jung disse sabiamente: "Mais vale viver as pequenas coisas com sentido do que as grandes coisas sem sentido algum." Assim, meu programa para hoje é investir e me satisfazer com as pequeninas realizações do dia. Por exemplo, se eu puder tomar um sorvete, vou saboreá-lo como se fosse a iguaria mais requintada da Terra. Se eu tiver que ir ao correio, farei isso com a seriedade e a satisfação de quem cumpre uma missão de altíssima relevância. Desde lavar uma louça até ler um livro, vou dar um valor elevado às pequenas realizações do meu dia — afinal de contas, são elas que tecem a trama da minha vida, e em geral não são nem percebidas, nem valorizadas. Hoje vou mudar isso — darei graças à vida de cada coisa que fizer, cada movimento que farei na trilha do meu cotidiano.

Resgato hoje velhas amizades das teias do tempo. Relembro os melhores momentos de cada boa amizade. Como um eletricista destemido, tento religar os fios rompidos pela distância e pelo tempo e seus agentes.

REPROGRAMAÇÃO 55

No Dia de Hoje

Vou ressuscitar **velhas amizades** empoeiradas pelo tempo ou pela distância. Compreendo agora que a gente vai se afastando de quem gosta, às vezes sem nenhuma razão, outras apenas por "falta de tempo" para cultivar a amizade. Em alguns casos, é a distância criada por uma mudança de endereço que esfria o relacionamento. Hoje vou folhear o meu caderninho de endereços e ligar para velhos conhecidos, só para dizer que me lembrei deles, perguntar como estão etc. Farei isso sem nenhuma expectativa. Acredito que depende de mim a criação de uma rede de "aliados". Assim, vou escrever cartas, mandar *e-mails*, telefonar, se possível visitar de surpresa pessoas de quem fiquei afastado sem motivo real. Tenho certeza de que terei boas surpresas a partir da minha atitude. No fim do dia, certamente poderei constatar que, ao tomar a iniciativa, me fortaleci e conquistei um espaço significativo no pensamento e no coração das pessoas.

Humildade! Inclino-me diante
da imensidão do Cosmo. Humildade,
inclino-me diante da imensidão
da minha insignificância.

REPROGRAMAÇÃO 56

No Dia de Hoje

Serei **humilde**. Muitas vezes, quando estamos "por baixo" ou de alguma forma ficamos na turma dos perdedores, reagimos de maneira emocional e nos tornamos arrogantes e pretensiosos. De outra forma, quando a vida nos coloca numa posição privilegiada, com poder e status, a imaturidade pode nos fazer agir de maneira prepotente; como se dizia antigamente, "com o rei na barriga". Em qualquer dessas situações, a incapacidade de ser humilde é desastrosa. A humildade é a única postura que nos permite "ver" com clareza o que está acontecendo de verdade à nossa volta. Apesar de terem a mesma raiz, humildade nada tem a ver com humilhação, pois aquela é um sentimento nobre, elevado, digno de gente forte. A humildade é, talvez, a única porta que todos podem abrir para o mundo espiritual — é fácil, não necessita de técnicas sofisticadas nem de mediunidade. No dia de hoje serei humilde, ouvirei mais, evitarei afrontar as pessoas, vou eliminar comportamentos arrogantes, pretensiosos e autoritários. Se tiver dificuldade para assumir essa postura, olharei o céu noturno por dez minutos e diante dos bilhões de estrelas, da magnitude do Universo, onde o nosso planeta nada mais é que um cisco, talvez compreenda profundamente a necessidade de ser humilde. Vou cultivar a humildade como eu a concebo, mas, principalmente, o serei diante de Deus, colocando-me em Suas mãos, entregando-me humildemente.

Hoje vou navegar sem mapas, nem instrumentos — vou confiar nos ventos da vida. Desativo meus esquemas e me coloco disponível para as mudanças de rumo. Vou experimentar a sensação de estar à deriva, mas estarei atento à agulha da bússola.

REPROGRAMAÇÃO 57

No Dia de Hoje

Vou estar disponível para a **surpresa**, para o inesperado. Costumo ter esquemas, roteiros e programações por meio das quais conduzo minha vida no dia-a-dia. Às vezes, rejeito convites, descarto oportunidades, porque já tenho compromissos assumidos ou estabeleci roteiros para as minhas atividades. Hoje não, declaro-me desde já livre para o acaso. Não terei medo de desviar-me dos itinerários para um convite inesperado (claro que examinarei o grau de risco e nunca colocarei minha segurança em jogo). Vou experimentar a doce embriaguez de estar com as velas abertas ao vento — e para onde o vento soprar...

Somente hoje sairei da segurança dos meus roteiros bem montados. Pode ser que não aconteça nada de mais... pode ser. Com isso, pelo menos verei o grau em que a minha vida está presa, amarrada a engrenagens fixas, e até onde poderei desafiar essas engrenagens de maneira saudável.

Desarticularei os esquemas fixos do meu cotidiano, mas permanecerei atento — espectador/testemunha ocular das novas direções a que a minha reprogramação irá me levar.

Faço o inventário dos meus sentimentos do dia.
Estou triste: por quê? Por quem?
Estou com medo: de quê? O que o causou?
Estou com saudade: de quem?
Estou superanimado: há razão?
E então? Hoje serei o contabilista-analista
das minhas emoções, sentimentos e sensações.

REPROGRAMAÇÃO 58

No Dia de Hoje

Vou catalogar todos os meus **sentimentos**. Normalmente vivo uma verdadeira montanha-russa de sentimentos durante o dia; porém, uns acabam sempre "apagando" os outros. Além disso, o caráter espontâneo e irrefletido do cotidiano impede que eu possa fazer uma avaliação de todos os sentimentos suscitados em mim durante o dia. Hoje vou usar um caderno para registrar os meus sentimentos e emoções e a que acontecimentos eles estão relacionados. Depois vou reler esses apontamentos e terei aquilo que se chama de *feedback*, ou seja, dados registrados do meu passado, alimentando a memória do meu computador presente. Verei, assim, a freqüência com que fico triste, decepcionado, com raiva, travado e quais os fatores e situações responsáveis por isso. Vou registrar também os deflagradores de sentimentos prazerosos, como alegria, entusiasmo, paz interior; dessa forma, poderei, mentalmente, acioná-los quando necessitar.

O passado pode enterrar lições preciosas, tesouros — ou ser apenas um caixão mofado e vazio. Depende de como eu olho para ele. Hoje contemplo o meu passado com os olhos de arqueólogo, limpando velhas peças, juntando pedaços, montando fragmentos até eles fazerem sentido e me ensinarem algo sobre o meu presente e, quem sabe, sobre o meu futuro.

REPROGRAMAÇÃO 59

No Dia de Hoje

Vou **revisitar o passado.** Alguns dizem que o passado "passou", está morto, não conta mais. Outros temem o passado, temem se confrontar com o que deixaram para trás. Mas, como nos museus, na arqueologia, o passado, exorcizado das emoções que possa suscitar, às vezes é muito útil e instrutivo. Será em busca disso que irei hoje. Viajando pelas recordações ou usando antigos álbuns de fotografias, ou ainda relendo cartas cheias de memórias, vou abrindo as portas do meu passado como quem vistoria um casarão há muito abandonado. Amores, desamores, alegrias, vitórias, perdas, momentos de grande felicidade, momentos difíceis, situações engraçadas — vou rever, sem reviver, sem comover-me. Serei como um espectador de um filme visto pela segunda ou terceira vez, só para sacar os detalhes. As lágrimas e os risos já se esgotaram na primeira sessão. Se não puder fazer isso sem dor, então não o farei por enquanto; esperarei um momento melhor. Hoje vou passear pelo meu passado; talvez, quem sabe, eu volte desse passeio mais amadurecido e mais forte para encarar o presente e o futuro.

Confio em mim porque sou um sobrevivente. Confio em mim porque estou só. Confio em mim porque não estou só. Confio em mim, e isso é tudo que tenho para me manter no dia de hoje.

REPROGRAMAÇÃO 60

No Dia de Hoje

Confiarei em mim. Em geral a criança nasce assustada; afinal, passou abruptamente de um mundo para outro totalmente diferente e, em aparência, hostil. Aos poucos, cercada de carinhos e cuidados, ela adquire confiança em si por causa da confiança na sua "equipe". À medida que o tempo passa, ela vai descobrindo fraquezas, corrupções e ausências naqueles a quem ela confiava a segurança de sua vida. É nesse ponto que muitos de nós estamos: assustados, sem confiança em nossa "equipe", desamparados. Estamos fracos e desencorajados porque nos convenceram de que somos incompetentes, impotentes para tocar o nosso barco. Hoje vou alimentar com a confiança o meu espírito. No dia de hoje me alentarei com aquilo que sei que sou capaz de fazer.

Parafraseando o poeta: se *eles* vierem, confiarei, confiarei, confiarei! Se estou aqui, vivo, respirando esse ar que mal ou bem é uma dádiva de Deus, é porque mereço estar aqui. Por isso terei confiança em mim hoje e nada ou ninguém poderá abalar esse programa.

Vou testar os meus limites. Sei que posso ir além, posso dar mais de mim em cada ação, em cada gesto, em cada esforço que fizer. Hoje me empenharei ao máximo em tudo e em cada coisa.

REPROGRAMAÇÃO 61

No Dia de Hoje

Me **empenharei ao máximo** em tudo que fizer. Sei que não posso dar tudo de mim em todas as situações, em todas as tarefas, o tempo todo. Mas só no dia de hoje vou testar os meus limites físicos, mentais, emocionais. A cada tarefa, ou diante de cada situação-problema, vou me esforçar, me empenhar totalmente, como se fosse minha última chance. Farei com garra tudo aquilo de que gosto, mas usarei muito mais energia nas coisas de que *não gosto*. Se tiver que subir uma escada, o farei como se estivesse escalando uma montanha; no trabalho, agirei como se fosse o melhor e mais importante trabalho do mundo, realizarei as pequenas tarefas como se delas dependesse o destino da humanidade. Serei perfeccionista ao extremo, cuidarei de cada detalhe, nada passará despercebido ou deixará de receber minha atenção e energia no dia de hoje.

Tudo está bem, tudo está bom, tudo é perfeito, as coisas são como são — eu acredito na força do otimismo e na capacidade de atrair coisas boas, levantando o astral. Hoje levanto o meu astral e só me ligo no positivo.

REPROGRAMAÇÃO 62

No Dia de Hoje

Serei o porta-voz do **otimismo**. "As notícias ruins se espalham rápido." Infelizmente essa frase é verdadeira. Ela indica uma tendência das pessoas a desenvolverem o que se convencionou chamar de "expectativa catastrófica". Hoje vou servir de bloqueador à cadeia das fofocas pessimistas e destrutivas. A cada oportunidade, a cada investida do "catastrofismo" (de fora ou de dentro de mim), vou reagir com armas como "vai melhorar, você vai ver", "isso passa", "no fim, tudo vai dar certo", "não perca a esperança", "acredite", "tenha fé na vitória" etc. Meu sorriso será também um desarmador do veneno do pessimismo. Notícias de doença, assaltos, desastres, falências, dificuldades em geral serão desativadas por mim mentalmente com a projeção de uma rede de energia positiva e a ordem de "cancela, cancela, cancela!". Para tornar o meu papel mais eficaz ainda, não passarei adiante, em hipótese nenhuma, as "informações desastrosas" que chegarão aos meus ouvidos. No dia de hoje recusarei o papel de elo na cadeia viciosa do pessimismo, ao mesmo tempo que farei do pensamento positivo e do otimismo a minha bandeira de vida.

Bom dia, com licença, muito obrigado, em que posso ajudar, desculpe-me, até breve — a educação aproxima as pessoas. Hoje farei da educação uma ponte para amenizar a crueza das relações e para aproximar-me das pessoas.

REPROGRAMAÇÃO 63

No Dia de Hoje

Serei **educado e cordial**. Os velhos hábitos de educação social estão cada vez mais esquecidos. Será esse um dos tributos que a sociedade moderna cobra de seus membros? Com certeza... NÃO, pois, em sociedades altamente desenvolvidas, as pessoas continuam observando princípios básicos de educação. Abrir a porta para as damas (se sou homem), dar a vez a uma pessoa idosa ao subir no ônibus ou ceder o lugar a alguém com uma criança no colo. Pedir licença, agradecer, desejar um bom dia, pedir desculpas, tudo isso contribui para fazer a vida mais fácil, mais suportável. Educação não é necessariamente etiqueta ou frescura, é um mecanismo facilitador do convívio social. Hoje vou ser educado, mesmo com as pessoas com quem tenho muita intimidade. Serão frases simples, como "muito obrigado", "com licença", "por favor", "bom dia para você", "que tudo corra bem hoje". Terei gestos de educação e gentileza, como segurar a porta do elevador, dar passagem, oferecer ajuda para segurar um pacote, ceder o lugar etc. Tenho certeza de que, ao fim do dia, estarei me sentindo muito bem comigo mesmo, e, quem sabe, até incorporarei alguns desses comportamentos à minha vida.

Cuidado com o que fala — um anjo pode estar passando e dizer amém. Hoje vou prestar toda a atenção nos padrões negativos da minha linguagem. Só falarei o que vai erguer, só falarei o que é bom, só falarei o que é próspero, só falarei o que é luminoso.

REPROGRAMAÇÃO 64

No Dia de Hoje

Vou reestruturar a minha **linguagem**. As mais avançadas técnicas de psicoterapia (assim como as velhas tradições espiritualistas) apontam a linguagem como decisiva para criar e desfazer a realidade na nossa vida. Dizemos para a criança: "Não bata a porta!", "Você vai derramar o leite no sofá." A imagem subconsciente que a criança projeta é de uma porta batendo e de um sofá empapado de leite. Dizemos para nós mesmos: "Agora estou ferrado", "Minha vida é coisa de doido". A imagem que vai se implantando via repetição é a de alguém "ferrado", ou seja, preso por ferros, imóvel e sofrendo, e no outro exemplo atraio a loucura, a ilogicidade. Hoje vou prestar atenção no que digo. Principalmente naquelas expressões que repito sempre — meus "cacoetes verbais" —, e vou tentar reformulá-las de maneira mais construtiva e positiva. Direi: "Feche a porta com delicadeza", "Tenha cuidado com o leite". Toda vez que me escapar uma frase com um programa negativo, eu direi: "Não é isso que desejo realmente — cancela, cancela, cancela!"

Nossos padrões mentais geram frases "envenenadas" e elas reforçam os padrões mentais. Frases do tipo "não vejo saída", "não me lembro", "prefiro morrer", "vai ser um inferno" etc. podem causar tanto estrago como um vírus; devem ser canceladas — e é justamente isso que farei no dia de hoje.

Relaxar. Um, dois, três, quatro — relaxar. Respirar e relaxar. Retesar os músculos e soltá-los — relaxar. Deixar ir naturalmente a tensão — olho para ela escoando pelo ralo. Relaxando... Relaxando... Relaxado.

REPROGRAMAÇÃO 65

No Dia de Hoje

Vou relaxar. Significa que vou afrouxar os nós dos cordéis onde penduro os problemas. Os modernos psicólogos descobriram que muitas vezes a ansiedade excessiva nos arremessa justamente ao encontro daquilo que mais tememos e queremos evitar. O que é pior, como um grude, mantém essas situações presas à nossa vida. Tenho medo da solidão — os relacionamentos parecem fugir de mim. Os problemas financeiros me apavoram — o dinheiro não entra, se entra, sai voando "inexplicavelmente". E assim vai. Hoje reunirei todas as minhas forças e soltarei as rédeas. Relaxarei, respirando fundo cinco vezes, e cancelarei os pensamentos de preocupação em relação às minhas maiores aflições. Entregarei a Deus a guarda e administração dos meus angustiantes problemas no dia de hoje. Não se trata, em absoluto, de uma atitude de desistência, covardia ou passividade. Estou apenas retirando aquilo que talvez esteja atravancando o fluir natural das coisas. Assumo que, ao deixar ir a ansiedade, o medo e a angústia, estarei mais harmonizado. Assim, as chances de resolução harmônica dos problemas aumentarão e eu poderei saborear melhor minhas realizações.

Para construir a paz, preciso me desarmar. Não xingo, não penso mal. Não fecho os punhos nem ranjo os dentes. Pacifico meu espírito. Respiro fundo — sorrio.

PAZ!

REPROGRAMAÇÃO 66

No Dia de Hoje

Darei a minha contribuição à **paz**. Compreendo que a *paz* não é somente ausência de guerra, e sim a cessação da violência explícita e implícita entre as pessoas. Mais ainda, pacificar significa acabar com a agressão do homem à natureza. Não posso mudar a alma humana, mas hoje vou dar a minha pequena, mas valiosa, contribuição ao espírito da paz. Vou emitir mentalmente a energia da paz, evitarei criteriosamente qualquer gesto de agressão contra pessoas, animais e plantas. Cuidarei dos meus pensamentos, pois é aí que tudo começa — vou desarmar os meus pensamentos. Durante todo o dia, sempre que uma oportunidade se apresentar, vou desejar paz às pessoas. Estarei envolvido num campo de luz violeta que será estendido pelo poder da minha vontade a todos os seres à minha volta. À noite, antes de dormir, farei uma oração agradecendo pelo que pude realizar pela paz e pedindo a Deus a paz na Terra, tanto aos homens de boa vontade quanto aos de má vontade.

Atenção — observação cuidadosa.
Estou ligado! Coloco de prontidão todos os meus órgãos dos sentidos, hoje é dia de inventariar o mundo que me rodeia. Atenção, atenção. Estou ligado na vida à minha volta.

REPROGRAMAÇÃO 67

No Dia de Hoje

Serei um **observador** superligado em tudo que acontece à minha volta. Normalmente, as pessoas passam boa parte do seu dia ligadas apenas no "piloto automático". Isso é uma espécie de estado de transe, até certo ponto necessário para que a multiplicidade das tarefas e relações do dia se desenvolvam. Hoje vou estar fora desse transe, serei um observador-testemunha atento a tudo que acontece à minha volta. Vou observar e registrar, na minha memória, cada ocorrência, cada encontro, cada frase dita por outra pessoa, seja ela importante ou não. Vou fotografar as cenas, paisagens, tudo, enfim, que desfilar diante dos meus olhos alertas. Para não me esquecer dessa tarefa, amarrarei uma fita colorida no meu pulso direito. Ao fim do dia, terei ampliado o mecanismo de memória de curto prazo. Além disso, vou perceber o potencial imenso que possui a minha mente para absorver informações e estímulos externos. Assim, poderei evitar acidentes e situações prejudiciais que acontecem pelo fato de não registrar "dicas" oferecidas pelo cotidiano a todo momento.

Não sou o meu corpo — mas tenho um corpo, só esse, e faço tudo hoje para me lembrar disso. Como um zeloso guardião, hoje passarei a limpo esse corpo onde habita o Espírito Imortal.

REPROGRAMAÇÃO 68

No Dia de Hoje

Vou cuidar do meu **corpo**. Não farei um simples culto narcisista ao corpo, mas uma verdadeira checagem, um levantamento "topográfico" desse território muitas vezes tão esquecido. Entendo que o corpo é o templo sagrado do espírito, é a casa habitada pela energia sutil a que alguns chamam de Eu. A maioria das pessoas conhece melhor a geografia de um país estrangeiro do que a sua própria. Hoje vou mudar isso. Não me interessa se o meu corpo é considerado bonito ou feio, se gosto ou não dele, não espero tampouco que esse exercício possa mudar alguma coisa radicalmente. Apenas vou me concentrar no meu corpo. Primeiro, vou me observar atentamente no espelho. Vou me despir e olhar para baixo, examinando principalmente as regiões escondidas pela própria anatomia. Vou cheirar, sentir gostos, apalpar, verificar a presença de manchas, espinhas, caroços. Vou checar meu hálito e outros cheiros corporais. Depois passarei cremes, retirarei pêlos, cuidarei de pequenos "acidentes". Quem sabe, depois desse "dia do corpo", não tomarei algumas decisões realmente importantes e duradouras a respeito desse meu *único* corpo?

Não quero ouvir nem ler nenhuma informação. Farei "jejum", não consumirei hoje nada que se pareça com informação vinda do mundo exterior. Nada de rádio; televisão, jornal, principalmente. Hoje fecharei meus sentidos para qualquer tipo de notícia.

REPROGRAMAÇÃO 69

No Dia de Hoje

Farei um **"jejum de informação"**. Nas cidades, as pessoas são bombardeadas todos os dias com milhares de informações (visuais, auditivas, olfativas etc.), muitas delas vazias ou com altas doses de negativismo. Todo esse material, mesmo que rejeitado pelos nossos mecanismos de defesa, se aloja em algum canto da nossa mente e causa estragos variados. Hoje não quero ver nem ouvir nenhuma notícia, nenhuma informação. Não lerei os jornais, nem revistas, não ligarei o rádio do carro, não permitirei que a TV invada a minha casa. Vou "jejuar". Se os amigos vierem me trazer *notícias fresquinhas do front,* pedirei desculpas e me retirarei. Ao fazer esse exercício, vou avaliar o grau em que minha vida está influenciada e dependente de *notícias*. Os efeitos disso são difíceis de avaliar e discutíveis, mas certamente não me trazem paz de espírito. Não olharei os outdoors, nem cartazes, nem malas-diretas de propaganda. Poderei ouvir meus discos que andavam meio esquecidos, desenhar ou pintar, poderei caminhar no parque, ou talvez jogar tênis, fazer tricô, cozinhar, escrever, para variar. Poderei não fazer nada e dormir; olhar para o céu também é uma boa opção, mas, hoje, nada de informação.

Olhando de certo ângulo, tudo é muito engraçado. Eu sou engraçado e estou rindo disso. Rio de tudo, de todos, rio do meu riso — nada resiste ao riso franco e solto.

REPROGRAMAÇÃO 70

No Dia de Hoje

Farei do dia uma **comédia**. Serei o humorista mais bem-humorado da cidade. Talvez isso não seja tão fácil assim, mas, pelo menos, vou tentar. Começarei o dia rindo do grande palhaço que sou. Olho-me diante do espelho e digo: "Olha só que cara de bobo!" Farei caretas se isso ajudar. Mesmo correndo o risco de ser chato, vou desengavetar e contar velhas piadas. O primeiro a rir delas, é claro, serei eu. Vou ensaiar algumas imitações também. Mas, antes de tudo, vou rir de mim mesmo, dos meus medos, dos meus complexos, das minhas esquisitices. Se eu não puder rir de mim, não conseguirei rir dos outros. Farei trocadilhos infames, porei apelidos, imitarei um bêbado em festa de casamento. Poderei também pregar peças: amarrar os cordões dos tênis dos amigos, pregar cartazes nas costas, dizendo "SOU BURRO" e coisas assim. Tudo pelo riso! Na certa alguém vai estranhar o meu comportamento, e isso também será motivo de graça. O humor é uma arma poderosa usada pelos grandes mestres e ensinado em antigas escolas iniciáticas. É uma arte difícil, arriscada, por isso a história registra tantos atores dramáticos e tão poucos comediantes. Não é engraçadíssimo?

Eu sou o centro do Universo. Sou filho de Deus — perfeito —, sou o ser mais importante e mais valioso. Cuido de mim, me cultivo, me importo comigo mesmo, só me preocupo com os meus pensamentos e com as minhas emoções.

REPROGRAMAÇÃO 71

No Dia de Hoje

Serei **egoísta**. Vou parar um pouco de olhar para fora e olharei para o meu umbigo. Hoje, nada de preocupação com os outros, nada de querer resolver os problemas dos outros, nada de querer endireitar o mundo. Serei eu o centro do mundo e só me importarei comigo mesmo. Ser egoísta na medida certa é assumir a própria importância como ser único no Universo. Vou visitar lojas, à procura de roupas para mim (se puder, eu comprarei), vou fazer coisas que há muito tempo estou querendo, mas sempre adio. Se eu gosto de doces, irei na melhor doceria e cometerei doces pecados. Caso, durante o dia, apareçam outras chances de me colocar em primeiro lugar, farei isso sem culpa e sem hesitar. Já estou saboreando o gostinho da azeitona na minha empadinha. Hoje quero o melhor, o máximo, para mim — sem crise. Como disse aquele escritor francês:* no dia de hoje "é preciso cultivar o *meu* jardim".

* O escritor a quem me refiro é Voltaire, em *Cândido.*

Distribuo como quem semeia. Sou generoso, adoto a generosidade pela generosidade. Partilho o que tenho de melhor. Sou uma ponte por onde trafegam, nos dois sentidos, as melhores energias do ser humano.

REPROGRAMAÇÃO 72

No Dia de Hoje

Serei **generoso**. Compreendo que a generosidade é, talvez, a grande virtude humana, e ela só é possível às pessoas fortes. Ser generoso é difícil para nós, ocidentais, consumistas ávidos, adestrados desde crianças a reter, não ceder e brigar por quinquilharias. Ser generoso é não ter medo, é compreender a vida como um fluxo contínuo que nunca se detém. Hoje cederei o lugar no ônibus, abrirei mão do troco, mudarei o dia de alguém com meu gesto de generosidade. No trabalho, na rua ou em casa surgirá uma oportunidade, e então serei generoso sem vacilar. Talvez eu possa ouvir os desabafos de algum infeliz, enquanto poderia estar fazendo algo mais rentável. Talvez ajude alguém a trocar o pneu, mesmo estando bem-arrumado. Ou, quem sabe, comprarei flores (com meu último dinheirinho) para uma pessoa que nunca é lembrada. Enfim, serei generoso espiritualmente, compreendendo que dar algo de si é abrir espaço para que a Vida esteja sempre plantando no nosso jardim.

Só vejo a Beleza, só ouço a Beleza,
só me alimento de Beleza. Visto a minha
alma com tudo que é belo e desfilo na mais
bela passarela, num carnaval
de beleza pura.

REPROGRAMAÇÃO 73

No Dia de Hoje

Dedicarei minha energia a contemplar a **beleza**. Com a vida corrida que a gente leva, o belo muitas vezes passa despercebido, o que é uma pena, pois a beleza alimenta o espírito, levanta o astral. Vou treinar meus olhos e a minha sensibilidade para detectar as menores manifestações de beleza. Entendo que beleza é um conceito subjetivo e muito relativo, mas eu sei o que é belo para mim — é nessa busca que empenharei o meu dia de hoje. Aonde costuma se esconder a beleza? Os poetas e artistas, seres de grande sensibilidade, dizem que a natureza está cheia de belos exemplares de beleza: as flores enfeitando árvores inteiras, vastos gramados, o pôr-do-sol, o mar imenso e manso, as montanhas distantes e os lagos aquietados, serenos. A beleza, certamente, está na alegria das crianças, no corpo e no semblante das pessoas bonitas, nas obras de arte, nos gestos generosos, está em toda parte. Hoje vou me dedicar ao prazer que a contemplação da beleza nos dá — e disso me alimentarei.

Desafio os hábitos. Desafio os comportamentos que instalei comodamente na minha vida. Contrario até os velhos hábitos, companheiros de anos. Faço novos testes, coloco em xeque as verdades e reviso as minhas listas de sim e não.

REPROGRAMAÇÃO 74

No Dia de Hoje

Trabalharei para **contrariar velhos hábitos e comportamentos** de que não gosto, mas não consigo mudar. Só hoje, vou agir deliberadamente no sentido oposto a certos comportamentos usuais e que considero negativos e indesejáveis. Se costumo aceitar passivamente as broncas e aporrinhações dos outros, hoje vou reagir. Se tenho dificuldade em dizer *não,* hoje será o dia do *não* — direi *não,* mesmo quando não houver necessidade — só para treinar. Vou fazer uma lista das minhas atitudes negativas mais comuns e levá-la comigo. Sempre que a ocasião surgir, encarnarei esse personagem, será como no teatro. Se, por acaso, minha representação magoar alguém com que me importe, amanhã explicarei tudo, ou, quem sabe, talvez até nem explique. Hoje, para mim, será o dia do contrário, principalmente em relação àquilo que costumeiramente faço, mas não gosto.

Nesse momento torno-me uma verdadeira usina de amor. Abro minhas comportas para a saída dos melhores sentimentos afetivos. Envolvo-me com a aura do amor, envolvo as pessoas com amor, envolvo o mundo com amor.

REPROGRAMAÇÃO 75

No Dia de Hoje

Vou me dedicar a um empreendimento grandioso — gerar **amor**. Sei que, de todos os desafios que já me impus, esse será um dos maiores. O que é amor? Como dimensionar esse sentimento? Como expressá-lo? Amor é o mesmo que carinho? Amor é afeto? Será aquilo que senti por uma pessoa especial um dia ou sinto hoje? Quantos tipos e graus de amor existem? Nada disso importa. Hoje vou começar o dia "fingindo" que amo tudo e a todos, será como interpretar um papel. Ao fim do dia, experimentarei um sentimento de grande amplitude. Como saberei que consegui gerar amor? Se eu gerei realmente amor, estarei sentindo um misto de relaxamento e euforia. Estarei me sentindo meio bobo e, ao mesmo tempo, muito sábio. Para diminuir a dificuldade de trabalhar um sentimento tão difuso como este, vou recorrer a uma técnica. Procurarei envolver-me com uma aura de luz cor-de-rosa, e o mesmo farei com todas as pessoas que entrarem em contato comigo no dia de hoje. Além disso, cada vez que eu tocar alguém, mentalizarei: "Eu te amo e nesse toque vai um pouco do meu amor."

Estou no comando. Serei o mestre de todas as pulsões do meu corpo e dos meus desejos instintivos. Controlo e tenho consciência de cada movimento, de cada necessidade do meu corpo — mas Eu assino a autorização final.

REPROGRAMAÇÃO 76

No Dia de Hoje

Vou assumir, de uma vez por todas, o controle sobre os **desejos do meu corpo**. Durante todo o tempo, os mecanismos auto-reguladores do corpo dirigem a cena — e eu digo: "Estou com fome", "Estou com vontade de fazer xixi", "Estou com vontade de dormir". Porém, é o corpo que comanda essas "vontades", e eu as confundo com as minhas verdadeiras vontades, fruto da consciência, deliberação e intencionalidade. Hoje vou identificar essas forças-desejo biológicas, reprimi-las quando se manifestarem, e só satisfazê-las mais tarde, num horário por mim decidido intencionalmente. Com isso ganharei maior domínio sobre essas forças pulsionais. Isso poderá ser-me útil para fortalecer minha mente consciente, no momento de combater uma enfermidade ou uma fraqueza, ou ainda numa ocasião em que eu necessite forçar um pouco mais os limites do meu corpo. Assim, vou assimilar a energia bruta dessas forças-desejo, que, em vez de se perderem no momento da satisfação, serão utilizadas e incorporadas ao meu potencial energético.

Vou respirar fundo e dizer: "Não vou satisfazer agora esse desejo do meu corpo; só farei isso daqui a (dizer uma hora (ou data) certa).

Tomo a dianteira. Saio na frente. Reteso os músculos. Tigre pronto para o salto, águia iniciando o mergulho certeiro. Ranjo os dentes, aperto os punhos, piso fundo o acelerador. Agir, agir!

REPROGRAMAÇÃO 77

No Dia de Hoje

Tomarei a **iniciativa** em cada oportunidade. Vou incentivar em mim uma dose de *agressividade* positiva. No mundo competitivo em que vivemos, é preciso estar sempre pronto para saltar. Estarei como a corda retesada do arco, pronta para lançar a flecha. Não permitirei passividade ou lerdeza diante dos estímulos e "provocações" do dia. Serei o primeiro da fila, o primeiro a ajudar quem necessite, o primeiro a cobrar providências — mas farei tudo com alegria. Exercitarei a minha mente e o meu corpo a responderem com energia aos desafios do dia. Quando sentir a oportunidade de agir, avançarei o queixo por alguns segundos, pois isso ajuda a despertar a dose certa de agressividade. Para alimentar a minha mente, projetarei a figura do samurai com a mão firme na empunhadura da sua espada. Vou estimular os meus sentidos físicos a estarem ativados e ligados nos mínimos estímulos do mundo à minha volta. No dia de hoje serei um alegre e bem-disposto guerreiro samurai.

Muito obrigado. Muito obrigado.
Muito obrigado. Muito obrigado.
Muito obrigado. Muito obrigado.
Faço da gratidão a minha única oração.

REPROGRAMAÇÃO 78

No Dia de Hoje

Vou abraçar a **gratidão**. Essa palavra mágica, que abre as portas do céu e reconcilia o ser consigo mesmo, será hoje o meu exercício. Serei grato por tudo, e cada coisa. Agradecerei pelo ar que respiro, pelo céu azul, pela chuva, por estar vivo — agradecerei pela existência. A gratidão é uma das maiores virtudes do ser humano, porque aproxima-o da natureza. Agradecerei a cada passo, a cada gesto amigo. Agradecerei pelas coisas boas, pelas coisas não tão boas, porque compreendo que tudo é relativo e o tempo é o senhor dessa relatividade. Serei grato à Vida pela oportunidade milagrosa que tive de estar aqui. Mas só vivenciarei a gratidão se puder ser sincero; uma coisa não pode andar sem a outra. Hoje vou pronunciar constantemente a expressão "muito obrigado"! E serei grato, muito grato pela Vida.

Redescobrir a minha verdadeira face, debaixo da pesada maquiagem cultural. Redirigir os meus passos no caminho mais autêntico. Ver criticamente comportamentos e idéias que adotei por distração ou fraqueza e que não correspondem à minha vivência real. Refazer-me.

REPROGRAMAÇÃO 79

No Dia de Hoje

Vou **"exorcizar"** todas as *idéias*, *conceitos* e *pensamentos* que não foram gerados por mim. Vou analisar e assim detectar aquilo que adotei por distração, por descuido e até por "hipnose". Hoje os cientistas comportamentais consideram a educação um longo e insidioso processo de hipnose cujos efeitos vão aparecer no adulto, criando comportamentos artificiais, não adequados ao indivíduo. Portanto, hoje vou passar pela peneira meus conceitos de mundo, minha visão e opinião sobre as coisas e pessoas. Serão elas realmente minhas? O que eu penso e falo sobre política, religião, sexo, moral, comportamento etc. foi gerado realmente por mim? É fruto das minhas vivências, das minhas experiências? Até que ponto as frases de efeito que costumo usar são de autoria do meu pai, do meu ídolo, do meu professor, da minha avó? Até que ponto os meus conceitos sobre vários aspectos da vida não são preconceitos? Hoje vou checar a autenticidade do material que tenho armazenado na mente, e tenho certeza de que vou me livrar de muita coisa inútil e até prejudicial ao meu crescimento.

Ouvir criativamente. Ouvir respeitosamente.
Ouvir com vontade de ouvir.
Prestar atenção no que é dito, seja por quem for, pois até os "néscios e insensatos têm suas próprias verdades".

REPROGRAMAÇÃO 80

No Dia de Hoje

Vou **ouvir** mais do que falar, afinal tenho dois ouvidos e somente uma boca. Vou refrear o meu ímpeto de falar, discutir, argumentar; em vez disso, vou ouvir. Vou prestar atenção sincera nos discursos e declarações das pessoas, "mesmo nos dos insensatos e ignorantes, pois eles também têm a sua própria verdade". A velha expressão "serei todo ouvidos" passa a ser o meu lema no dia de hoje. Vou ouvir atentamente, e assim ouvirei também as vozes da minha consciência, do meu Deus interior. A vida é muito agitada, e nessa agitação a gente acaba passando batido pelas pessoas à nossa volta. Às vezes, isso acarreta perdas, pois Deus costuma falar-nos usando a boca de outras pessoas, às vezes desimportantes para nós. Hoje vou ouvir interessadamente a todos que cruzarem o meu caminho, como se cada um tivesse uma grande revelação para me fazer. Como disse um famoso psicólogo, "o importante é ouvir criativamente" — farei isso ouvindo e procurando entender aquilo que é dito, e, principalmente, o que não é dito.

Alegre como crianças alegres. Alegre como namorados num parque de diversões. Alegre como filhotinhos de gata. Alegria, alegria, faço a festa com confete e serpentina dentro e fora de mim.

REPROGRAMAÇÃO 81

No Dia de Hoje

Vou celebrar a **alegria**. Serei a partir de agora uma festa ambulante. Apagarei e dissiparei qualquer nuvem de tristeza ou melancolia. Vou me olhar no espelho e começarei ensaiando um leve sorriso, que se transformará em riso franco, solto e aberto. Essa é a minha expressão no dia de hoje — o riso. Vou procurar me alegrar com as pequenas coisas: com o sol que brilha, com o sorriso de uma criança, com o alimento que ponho na boca. Vou sorrir para as pessoas, transmitir-lhes alegria de viver, sem afetação, sem exagero, pois não pretendo chocar ninguém com o meu estado de espírito. Apenas estarei alegre hoje, por dentro e por fora, e não vou permitir que ninguém mude isso.

Assumo a crença de que a alegria limpa o espírito, rejuvenesce e nos aproxima da beleza. Serei alegre hoje como o riacho que brinca e borbulha entre as pedras — serei alegre naturalmente, e assim vou contagiar o mundo à minha volta.

Libero a raiva. Não vou guardar esse sentimento dentro de mim, não é uma energia boa. Mas é humana e não sinto culpa por ter raiva.

REPROGRAMAÇÃO 82

No Dia de Hoje

Antes de qualquer coisa, vou ter que lidar com a minha **raiva**. Se hoje estou com raiva, muita ou pouca, não importa, vou ter que encará-la.

Rejeito essa história de que a raiva é um sentimento indigno do ser humano que eu sou. Assumo agora a minha raiva sem culpa, sem medo, e vou ficar raivoso, totalmente raivoso agora. Não quero saber se os meus motivos são justos ou injustos; só sei que não vou guardar essa raiva dentro de mim, não vou fingir ou esconder mais esse sentimento. Vou pegar um travesseiro, ou uma almofada, vou enterrar o rosto nele e gritar: "Eu estou com muita raiva!" Vou esmurrar, chutar essa almofada — mas não vou guardar essa raiva dentro de mim. No dia de hoje vou assumir a minha raiva, vou colocá-la para fora antes de qualquer coisa — mas, como um espectador atento ao espetáculo, estarei o tempo todo testemunhando o meu desempenho.

Envolvo-me com a luz da saúde e da harmonia. Por dentro e por fora estou saudável. Tudo em mim funciona perfeitamente bem. Estou com saúde perfeita e nada vai mudar essa condição.

REPROGRAMAÇÃO 83

No Dia de Hoje

Rejeito o fantasma da **doença**.

Recuso-me frontalmente a aceitar em meu corpo, em meu espírito e em minha mente a idéia da doença, da enfermidade. Entendo que a doença é, antes de tudo, uma falha na defesa do organismo, no sistema imunológico. No dia de hoje, não permitirei qualquer falha no meu sistema de defesa. Manterei a enfermidade fora, vou respirar a saúde e a vida a cada minuto, vou envolver-me com o lado luminoso da saúde. Estabelecerei relações saudáveis, com pessoas saudáveis. Evitarei todos os hábitos, toda substância que possa prejudicar o meu programa de saúde. Harmonizo-me com tudo o que vive e estabeleço assim o equilíbrio necessário para manter a minha saúde. Estarei sempre envolvido pela luz dourada do sol da vida. Não darei nenhuma chance à enfermidade. A cada instante, a cada minuto, vou reafirmar o meu compromisso com a saúde física, mental e espiritual.

Reservo as minhas declarações com o selo do sigilo. Mantenho segredo sobre meus planos, idéias ou aspirações. Trabalho mais e divulgo menos os meus projetos de vida.

REPROGRAMAÇÃO 84

No Dia de Hoje

Vou "engolir" as minhas declarações, confissões, desabafos. Vou manter **sigilo absoluto** dos meus projetos, dos meus sonhos e planos. Farei do segredo a minha arma poderosa hoje. Vou resistir às tentações de me lamentar sobre as perdas e de me vangloriar das minhas vitórias. Vou engolir tudo e me alimentar dessa energia que, de outra forma, escaparia de mim. Em vez de me abrir, de revelar os meus sentimentos (quer eles sejam verdadeiros ou não), vou me silenciar. Hoje serei apenas um entrevistador, procurarei saber de todos que cruzarem o meu caminho o que pensam, o que sentem, o que sabem... Quanto a mim, sairei habilmente do foco do refletor. Para me lembrar do meu pacto, vou escrever *S* em vários lugares onde possa ler. — *S* de segredo — *S* de silêncio — *S* de sigilo — *S* de shhh!

Reconheço que, no mundo atual, o segredo realmente é a arma do sucesso e hoje usarei essa arma com seriedade e determinação.

Perdôo, perdôo e perdôo. Sei que sou perdoado a cada instante; assim, tento imitar Deus e perdôo aqueles que por ignorância ou fraqueza me magoaram.

REPROGRAMAÇÃO 85

No Dia de Hoje

Perdoarei!

Vou eliminar da minha lista todos os nomes das pessoas a quem eu "condenei". Hoje, para mim, será o dia do *perdão.* Preciso retroceder e perdoar — assim exercerei o direito divino do perdão. Perdoarei sinceramente porque sei que o ser humano é fraco e imaturo. Hoje vou compreender que eu também sou fraco e imaturo, mas sei que, em algum lugar dentro de mim, habita uma centelha divina — é dessa centelha divina que tiro a força para perdoar a todos ou alguém específico. Mesmo que eu tenha sido ferido, e ainda esteja sangrando — hoje perdoarei. Vou deixar na primeira esquina essa carga pesada que é a condenação por julgamento sumário. Repetirei com emoção as palavras *perdôo, perdôo, perdôo* e assim irei raspando as camadas corroídas do rancor, da mágoa, deixando tudo azul com o *perdão.*

Amigo, amigo, amigo. Cultivo o mais nobre de todos os sentimentos — a amizade, amistosa, amigável. Valorizo a amizade acima de tudo, e nisso me empenho de corpo e alma.

REPROGRAMAÇÃO 86

No Dia de Hoje

Vou cultivar **amizades**. Como um jardineiro cuidadoso e carinhoso, vou sair por aí trabalhando os fundamentos básicos da amizade. Serei atencioso, tocarei as pessoas com afeto e me interessarei realmente por cada pessoa como se fosse um ser único no Universo. Farei isso sem forçar nada, o mais espontaneamente que conseguir. Investirei minha energia em amizade, como o agricultor que planta uma semente, sabendo que a natureza um dia lhe dará o fruto do seu investimento. Observarei com atenção as necessidades das pessoas e as minhas próprias (eu sou *meu* amigo?) — assim poderei abrir caminho para novos amigos.

Num mundo competitivo e duro como o nosso, a amizade é uma jóia que precisa ser trabalhada com carinho e inteligência — a isso me dedicarei no dia de hoje.

Sou a vaidade das árvores que não economizam cores para se enfeitar; sou a vaidade das montanhas imponentes; sou a vaidade do mar coberto de escamas prateadas da lua. Sou a vaidade e isso é muito natural.

REPROGRAMAÇÃO 87

No Dia de Hoje

Vou exercitar a minha **vaidade** com bom humor. Não vou esperar elogios, não vou esperar milagres de transformação. Sei que todas as pessoas têm aspectos que podem ser melhorados; eu vou melhorar alguns aspectos do meu visual. Hoje vou curtir a minha vaidade, sem culpa. Não vou me arrumar para os outros, nem em função de alguém específico, mas para mim. Serei eu só a admirar-me. Vou observar os detalhes e atributos do meu corpo, da minha maneira de vestir, e ver os que tenho negligenciado — vou caprichar mais.

Serei a vaidade em pessoa, porém sem afetação nem espalhafato. Vou sentir a satisfação secreta de me curtir no dia de hoje, sem a menor preocupação com o que os outros vão pensar, achar ou mesmo julgar.

"Quem não se comunica, se complica." Eu melhoro os meus canais de comunicação com as pessoas. Melhoro o meu português. Procuro ser claro, objetivo e me certificar se estou realmente sendo entendido.

REPROGRAMAÇÃO 88

No Dia de Hoje

Vou melhorar a minha **comunicação** com o mundo. Serei observador atento das formas que uso para me comunicar com as pessoas em geral. Observarei se a minha linguagem falada é perfeitamente compreendida por todos. Será que me expresso corretamente? Será que comunico exatamente o que desejo ou sinto? Falo muito alto? Muito baixo? Emprego bem os plurais? Falo o português correto? Tenho um vocabulário rico ou repito demais as mesmas palavras? O que escrevo pode ser facilmente compreendido? Sou claro e objetivo nos meus "discursos"? As pessoas costumam ter dificuldade para entender imediatamente o que digo? Checarei todos esses itens pela observação imparcial. Vou procurar me comunicar o melhor possível, sempre atento a se estou sendo compreendido.

Percebo que a comunicação é fundamental para a vida, e bem-feita ela facilita a vida, economiza esforço, energia e muitas vezes até dinheiro. Hoje será o meu dia pessoal de comunicação.

Dispo-me de todas as minhas armaduras intelectuais e racionais para me dedicar à nudez primordial da fé. Alimento a fé que vai me sustentar ao longo de toda a caminhada.

REPROGRAMAÇÃO 89

No Dia de Hoje

Vou redescobrir e viver uma antiga palavra: **fé**.

Ninguém sabe descrever exatamente o que seja fé, mas eu vou sentir hoje a fé como a crença inexplicável em algo que não posso ver, tocar ou compreender racionalmente. Terei fé em Deus no Seu aspecto Luminoso e Justiceiro. Terei fé na ordem oculta do Universo, terei fé sem questionar, nem julgar, nem avaliar. Simplesmente terei fé, como uma criança, como um místico em êxtase; terei fé em Poderes que desconheço, pois sou muito limitado. A fé ultrapassa as limitações e me coloca no plano dos milagres. Vou fechar os olhos, respirar fundo, pôr a minha mão esquerda no coração e sentir essa coisa inefável e poderosa, a FÉ.

A mentira tira.
Rejeito a mentira que me desequilibra. Rejeito a falsidade. Elejo a verdade, a sinceridade, como fórmulas para a harmonia pessoal.

REPROGRAMAÇÃO 90

No Dia de Hoje

Me preparo para combater a **mentira** e a falsidade. Estarei atento, alerta e evitarei a todo custo as armadilhas daqueles que usam a mentira como recurso cotidiano para abrir caminho na vida. Não vou me embriagar pelas palavras envenenadas de elogios e bajulações que visam inflar o meu falso ego e me conduzir ao erro.

Hoje vou procurar a verdade; mais do que isso, vou trabalhar em cima da sinceridade, como o eremita que ilumina com sua lanterna os becos escuros da falsidade. Não farei disso uma batalha feroz, estarei sempre cercado de luz e tranqüilamente me desviarei da mentira. Combaterei principalmente a mentira dentro de mim, estarei vigilante comigo mesmo. Olharei para dentro de mim como quem olha para um poço profundo e grita: "Hoje seja verdadeiro e autêntico, esteja lúcido e não se deixe enganar!"

Nasci só, morrerei só. A solidão não me assusta. Partilho a minha solidão com Deus — assim, não estou nunca realmente só.

REPROGRAMAÇÃO 91

No Dia de Hoje

Vou aceitar a **solidão**. Aceitarei resignadamente a solidão, como quem aceita um presente que não pediu e não irá usar. Abrirei a porta da minha casa e a deixarei simplesmente entrar.

Pensarei: "Não espere que eu diga *a casa é sua*. Você está só de passagem." Agora sei que é melhor aceitá-la, não me opor a ela, do que tê-la batendo à porta, esgueirando-se às minhas costas, seguindo-me como uma assombração. Hoje aceitarei a solidão como quem aceita a chuva. E não correrei para me abrigar. Sei que agindo assim não me oporei ao fluxo da vida. Ao acolher essa senhora das horas vazias sem me desesperar, abrirei as portas do Absoluto para a comunhão com os solitários do mundo. Hoje aceitarei você, solidão, e sorrirei, pois sei que, pela Lei Maior, amanhã meu coração poderá estar repleto de sons, alegria e afeto. Aceitarei com dignidade a solidão, mas isso não significará renunciar às infinitas possibilidades do dia de hoje.

REPROGRAMANDO O DESTINO

SOBRE O AUTOR

Roberto Bo Goldkorn, 1950, é carioca e, embora já resida em São Paulo há mais de 25 anos, ainda mantém o sotaque dos *rrrs* e *shsss*. Estudou letras na UFRJ e Psicologia na PUC-Campinas (SP). Escreve desde os 16 anos, quando venceu um concurso de redação no Colégio André Maurois, onde estudou. Foi militante político de organizações revolucionárias e estudantis, o que lhe valeu prisões e tortura pelo regime militar. Tendo adotado a ideologia socialista, vivia em conflito, pois freqüentava centros espíritas e já se interessava pelo budismo e pelo esoterismo. Desde a década de 80 vem se dedicando a terapias holísticas e transpessoais, trabalhando com grupos e indivíduos. Está sempre viajando pelo Brasil e pelo exterior ministrando palestras e *workshops*, inclusive em empresas. É autor de mais de uma dezena de livros, tendo sido editado também em Portugal e na Espanha.

Seu grande interesse é a qualidade das emoções e a sua importância no projeto de felicidade das pessoas. Com esse intuito escreveu *Não Te Devo Nada!*, *Solidão Nunca Mais* e *Dormindo com o Inimigo*, pela Editora Bertrand Brasil.

Este livro, acredita, é a sua grande contribuição ao estado de atenção necessário à conquista do espaço interior, pois considera de fundamental importância a realidade cotidiana, onde se travam as grandes batalhas que decidem o destino de cada um. Roberto aposta na reprogramação dos condicionamentos culturais e atávicos como a chave mestra para a tão almejada libertação através da espiritualidade.